OБСЕ INSIGHTS

Корнелиус Фризендорф | Аргиро Картсонаки (отв. ред.)

# OБСЕ Insights 2022

## Война в Европе

**Die Deutsche Nationalbibliothek** verzeichnet diese Publikation in der Deutschen Nationalbibliografie; detaillierte bibliografische Daten sind im Internet über http://dnb.d-nb.de abrufbar.

1. Auflage 2023



Publiziert von
Nomos Verlagsgesellschaft mbH & Co. KG
Waldseestraße 3–5 | 76530 Baden-Baden
www.nomos.de

Gesamtherstellung:
Nomos Verlagsgesellschaft mbH & Co. KG
Waldseestraße 3–5 | 76530 Baden-Baden

ISBN (Print): 978-3-7560-0426-3
ISBN (ePDF): 978-3-7489-3677-0

DOI: https://doi.org/10.5771/9783748936770

Onlineversion
Nomos eLibrary

## Содержание

# Введение к ОБСЕ Insights 2022: Война в Европе

*Корнелиус Фризендорф, Аргиро Картсонаки**

Для цитирования этой публикации: Фризендорф К., Картсонаки А. Введение к ОБСЕ Insights 2022: Война в Европе / К. Фризендорф, А. Картсонаки (отв. ред.) // ОБСЕ Insights 2022 – Баден-Баден: Номос, 2023. URL: https://doi.org/10.5771/9783748936770-00

ОБСЕ никогда не существовала в тепличных условиях, но 2022 год стал для нее одним из худших в истории. Приказ Владимира Путина о полномасштабном нападении на Украину и жестокое ведение войны Россией нарушили международное право и основополагающие принципы ОБСЕ. Война России поставила вопрос о том, как основанная на консенсусе организация может воздействовать на крупное государство, которое больше не соблюдает принятые в ней основные правила.

Слабость ОБСЕ проявилось также в том, что государства-участники не смогли договориться по вопросам, жизненно важным для продолжения деятельности организации, включая бюджет. В 2022 г. ее финансирование осуществлялось путем ежемесячных предварительных ассигнований, что делало невозможным стратегическое планирование. Более того, из-за высокой инфляции и неблагоприятного обменного курса для продолжения некоторых видов ее деятельности уже не хватало средств.

Вето России вынудило ОБСЕ свернуть полевые операции в Украине, и многие опасались, что такая же судьба ждет другие миссии. Договоренность о продлении их мандатов была оформлена только в конце 2022 г., но согласие о том, кто будет председательствовать в ОБСЕ в 2024 г., так и не было достигнуто. Встреча Совета министров в Лодзи в декабре 2022 г. закончилась безрезультатно. Более того, отказ польского Председателя ОБСЕ выдать визу министру иностранных дел России Сергею Лаврову и возмущенная реакция Москвы показали, насколько трудно стало даже просто находиться в одном зале заседаний.

* Корнелиус Фризендорф
Институт исследования проблем мира и политики безопасности при Университете Гамбурга (IFSH), friesendorf@ifsh.de

Аргиро Картсонаки
Институт исследования проблем мира и политики безопасности при Университете Гамбурга (IFSH), kartsonaki@ifsh.de

Впрочем, не все проблемы в ОБСЕ были связаны с Россией. Беспорядки в Казахстане привели к жертвам и военному вмешательству. Возобновились боевые действия между Арменией и Азербайджаном, и оба государства, как и в предыдущие годы, завели в тупик обсуждение бюджета на 2022 г. Произошли вооруженные столкновения между Кыргызстаном и Таджикистаном, а во время конституционного кризиса в узбекской автономной республике Каракалпакстан массовые протесты закончились кровопролитием.

Тем не менее ключевой проблемой в организации был антагонизм между проводящей ревизионистскую политику Россией и странами НАТО и ЕС. Дееспособность ОБСЕ всегда зависела от отношений между Западом и Россией, поэтому неудивительно, что в 2022 г., когда страны НАТО и Россия оказались на грани прямого столкновения, на карту было поставлено само выживание ОБСЕ.

В то же время 2022 год продемонстрировал устойчивость ОБСЕ. Заинтересованные в ее сохранении государства совместно с секретариатом гибко реагировали на блокировку решений и сохранили работоспособность организации. Возросло значение добровольных финансовых взносов, а группа государств-участников приступила к реализации новой многолетней программы для Украины (Программа поддержки Украины). ОБСЕ продолжила свою деятельность во многих государствах-участниках. Продление мандатов полевых операций в декабре 2022 г. показало, что консенсус возможен даже несмотря на большую войну в Европе. Таким образом, в конце 2022 г. шансы ОБСЕ выдержать системный шок, вызванный российской войной, выглядели гораздо лучше, чем в первые недели после 24 февраля 2022 г.

На этом фоне авторы издания ОБСЕ Insights 2022 обсуждают три вопроса: (1) Может ли ОБСЕ сохранить свою значимость для государств-участников и обществ? (2) Как государства через ОБСЕ могут повлиять на политику России? (3) Как можно сохранить ОБСЕ и повысить ее дееспособность? Ответить на эти вопросы непросто. Война России против Украины продолжается, и ее исход неизбежно повлияет на роль ОБСЕ в любой послевоенной системе европейской безопасности. Ниже мы приводим краткое изложение основных ответов наших авторов на эти три вопроса.

## Может ли ОБСЕ сохранить свою значимость для государств-участников и обществ?

Авторы этого издания согласны с тем, что ОБСЕ столкнулась с серьезными проблемами. Хотя основное внимание уделяется войне против Украины, аналитические обзоры свидетельствуют о более широкой тенденции к нарастающему расхождению предпочтений государств-участников с тех пор, как в 1990-е гг. СБСЕ было преобразовано в ОБСЕ.

Тем не менее, несмотря на констатацию эрозии нормативного консенсуса в регионе ОБСЕ, авторы утверждают, что организация сохраняет свою значимость для государств и обществ. Уильям Хилл и Елена Купач подчеркивают роль ОБСЕ как форума для диалога. Вероятно, возможности организации действовать в качестве самостоятельного актора сократятся, но она остается «естественной площадкой» (Хилл) для диалога по вопросам общеевропейской безопасности, включая значимые в военном отношении меры укрепления доверия и безопасности. Форумы позволяют государствам артикулировать свои интересы. Западные государства могут дать России понять, что они не готовы к переговорам о сферах влияния и не пойдут на компромисс в отношении основных принципов ОБСЕ (Купач).

Андрей Загорский напоминает, что процесс СБСЕ мог прерваться, если бы государства не смогли договориться о времени и месте проведения очередной встречи в рамках дальнейших шагов после совещания. Несколько раз он, действительно, оказывался на грани прекращения. Однако в отличие от СБСЕ ОБСЕ имеет постоянные институты. Это напоминание говорит о необходимости осторожно относиться к предложениям, исходящим из целесообразности вернуть ОБСЕ к серии совещаний, подобных тем, которые проводились в рамках СБСЕ.

Уолтер Кемп проводит другую историческую параллель. Напоминая, что планирование учреждения Организации Объединенных Наций происходило в разгар Второй мировой войны, он полагает, что ОБСЕ не следует откладывать работу над планом обеспечения стабильности в Европе, несмотря на продолжающуюся войну против Украины. Кемп считает, что, хотя исход войны, конечно, повлияет на любые планы, организации уже сейчас следует разработать стратегию на период, когда и если начнутся переговоры о новой системе европейской безопасности.

Креативный подход и компромиссы не всегда выгодны всем. В своем анализе деятельности ОБСЕ в Туркменистане Лука Анчески пишет, что «отношения Туркменистана и ОБСЕ характеризуются минимальным уровнем взаимодействия и маргинализацией вопросов, касающихся прав человека и надлежащего управления». Сосредоточив внимание на деятельности Центра ОБСЕ в Ашхабаде и усилиях БДИПЧ по наблюдению за выборами в условиях ограничений, введенных туркменским правительством, Анчески показывает: то, что может быть хорошо для государства-участника, не приносит автоматически пользу обществу этого государства. Его статья привлекает внимание к стоящей перед ОБСЕ фундаментальной дилемме: как организация, основанная на принципе уважения прав человека, может конструктивно взаимодействовать с авторитарными государствами, входящими в эту организацию?

## Как государства через ОБСЕ могут повлиять на политику России?

После 24 февраля 2022 г. многие в ОБСЕ размышляли о том, следует ли и как приостановить участие России в организации. Авторы данного сборника, обсуждающие этот вопрос, рекомендуют оставить Россию в организации. По мнению Уильяма

Хилла, ОБСЕ без России не только потеряет свою актуальность, но и превратит Россию в «вечного разрушителя». Сохранение России (и менее крупных государств, блокирующих консенсус) в ОБСЕ затруднит достижение договоренностей, «но переговоры по сложным, вызывающим споры вопросам никогда не бывают легкими». Хилл полагает, что история СБСЕ свидетельствует о том, что в какой-то момент западные государства «сочтут возможным и желательным серьезное и предметное взаимодействие с Россией».

По мнению Вольфганга Цельнера, формально приостановление участия России в ОБСЕ может быть обосновано ссылкой на прецедент приостановления участия Югославии с 1992 по 2000 г. Однако на практике добиться этого будет сложно, поскольку Беларусь и другие члены Организации Договора о коллективной безопасности (ОДКБ) вряд ли поддержат такое решение. Столь же сомнительно, что Россия выйдет из ОБСЕ по собственной инициативе, поскольку другие члены ОДКБ скорее всего останутся в организации, тем самым подвергая Москву изоляции. Цельнер рекомендует продолжать диалог с Россией по вопросам европейской безопасности, насколько это будет возможно. Он полагает, что хотя государства должны указывать на нарушения Россией принципов ОБСЕ, символические действия, такие как бойкоты, контрпродуктивны.

Однако вопрос о том, как найти баланс между изоляцией и взаимодействием с Россией, сложный, и наши авторы дают на него разные ответы. Метте Эйлструп-Санджованни предупреждает, что может наступить момент, когда Россия почувствует себя вынужденной покинуть ОБСЕ. В качестве возможного примера она приводит выход Германии из Лиги Наций в 1933 г. Андрей Загорский напоминает, что, в отличие от участия СССР в СБСЕ, Россия больше не рассматривает организацию как главную площадку для обсуждения европейской безопасности с западными странами.

Эйлструп-Санджованни, Загорский и Купач рекомендуют государствам избегать конфронтации по вопросам, по которым компромисс маловероятен, в частности, по вопросам демократизации. Это не означает, что западные государства должны отказаться от либеральных норм – наоборот, они должны вновь и вновь подтверждать их значение. Однако им следует воздерживаться от обвинительного тона (что, как напоминает Андрей Загорский, чуть не привело к прекращению процесса СБСЕ). Вместо этого ОБСЕ могла бы стать форумом для снятия напряженности и выявления представляющих общий интерес вопросов. Такие усилия должны возглавить государства, а не исполнительные структуры организации. В своей статье Уолтер Кемп отмечает, что в попытке найти точки соприкосновения между государствами-участниками бывший Генеральный секретарь организации Томас Гремингер был обвинен в излишней близости к Москве – реакция, которая иллюстрирует границы автономности, которую государства готовы предоставить секретариату ОБСЕ.

## Как можно сохранить ОБСЕ и повысить ее дееспособность?

Красной нитью через все материалы проходит вопрос: сможет ли ОБСЕ не просто пережить войну России против Украины, но и стать еще более важной опорой общеевропейской безопасности. Уильям Хилл высказывает ряд рекомендаций относительно того, как государства могут лучше использовать ОБСЕ в качестве форума. Для этого им следует меньше заниматься политическим позиционированием и пиаром и уделять больше времени содержательному диалогу. Он также полагает, что ОБСЕ потенциально могла бы сыграть определенную роль в Украине, в частности, оказывая содействие в обеспечении будущего соглашения о прекращении военных действий или в выполнении соглашения о мире. Однако помимо исхода войны потенциальная роль ОБСЕ будет зависеть от того, будут ли государства—члены НАТО и ЕС выносить важные вопросы на обсуждение в ОБСЕ. Хилл менее оптимистичен в отношении будущего таких структур и институтов, как Бюро по демократическим институтам и правам человека (БДИПЧ), бюджеты и персонал которых скорее всего сократятся из-за отсутствия консенсуса. По его утверждению, «нам предстоит длительный период, на протяжении которого многие важные документы и обязательства в рамках ОБСЕ будут скорее нарушаться, чем (неукоснительно) соблюдаться».

Вольфганг Цельнер полагает, что будущее ОБСЕ зависит от того, как государства-участники будут использовать организацию. Он предлагает стратегию переходного периода, исходящую из необходимости сохранить открытыми как можно больше вариантов дальнейшего развития. Такая стратегия предполагает достижение неформальных договоренностей в случае применения Россией вето, включая использование внебюджетных средств для финансирования институтов ОБСЕ. Помимо этого он предлагает активизировать взаимодействие ОБСЕ с государствами в тех регионах, в которых ослабевает влияние России и существует высокий потенциал для конфликтов, в частности, на Южном Кавказе и в Центральной Азии. Однако неформальное и более гибкое функционирование ОБСЕ, по мнению Цельнера, потребует значительной политической воли и интенсивных консультаций и, соответственно, предоставления широких полномочий действующему Председателю и «тройке» председателей.

Два наших автора опираются на уроки прошлого. Метте Эйлструп-Санджованни рассматривает стратегии преодоления трудностей, которые применялись в Лиге Наций, и утверждает, что ОБСЕ может извлечь уроки как из ее неудач, так и из ее успехов. По ее мнению, опыт Лиги Наций не следует считать неудачным, поскольку начатая ею деятельность на многих направлениях продолжается в рамках Организации Объединенных Наций. Она подчеркивает, что кризис, с которым столкнулась ОБСЕ, носит политический характер, и поэтому институциональные реформы (например, совершенствование бюджетного процесса) могут дать только ограниченный эффект. Она рекомендует использовать гибкость мандата организации: ОБСЕ следует избегать избыточной полемики по спорным вопросам, таким как права человека и контроль над вооружениями, и вместо этого сосредоточиться на тех сферах, в которых может быть достигнут консенсус, таких как экономическая взаимосвязанность и последствия изменения климата для безопасности. Еще один урок Лиги Наций – важность расширения политической поддержки. Утверждая, что широкий и неоднородный состав международных организаций помогает им преодолевать трудности, она, как и Вольфганг Цельнер, рекомендует ОБСЕ активнее привлекать к своей деятельности государства, которые до последнего времени не проявляли особой активности, например, государства Центральной Азии. Она также предлагает ОБСЕ расширять поддержку со стороны внешних акторов, таких как неправительственные организации, обладающие значительной технической экспертизой.

Андрей Загорский показывает, чему мы можем научиться у СБСЕ. Советский Союз и Соединенные Штаты временами рассматривали возможность выхода из СБСЕ и использовали встречи в рамках дальнейших шагов для взаимных обвинений. Недовольство Советского Союза тем, что Запад уделял особое внимание правам человека, схоже с современной критикой Россией того значения, которое в ОБСЕ придается человеческому измерению. Но СБСЕ выжило благодаря тому, что Загорский называет «асимметричным торгом», в рамках которого, учитывая различия в интересах государств-участников, создавались условия для «сбалансированного прогресса» в различных «корзинах». История СБСЕ свидетельствует также о том, что государства могут использовать ОБСЕ в качестве форума для конкретизации вызывающих споры принципов, таких как невмешательство во внутренние дела. Загорский утверждает, что применимость опыта СБСЕ зависит от исхода современного кризиса. Если ситуация позволит, соглашение об общих правилах может стать основой для нового *modus vivendi*.

Опираясь на свой опыт руководителя группы обеспечения стратегической политики ОБСЕ, Уолтер Кемп призывает организацию разработать стратегию возвращения к политике безопасности, основанной на сотрудничестве. Кемп полагает, что для разработки такой стратегии не потребуется принимаемое на основе консенсуса решение. Такая работа может осуществляться неформально с привлечением внешних экспертов. Тем не менее она потребует лидерства со стороны «тройки» председателей. Ключевые элементы программы безопасности, основанной на сотрудничестве, могли бы включать контроль над вооружениями и меры по укреплению доверия и безопасности. В этом смысле Кемп расходится с Метте Эйлструп-Санджованни, которая рекомендует по возможности избегать вопросов, вызывающих разногласия. Однако, как и Эйлструп-Санджованни, Кемп предлагает включить в повестку дня ОБСЕ вопросы, которые до сих пор не занимали в ней заметное место, такие как последствия изменения климата для безопасности. Он приводит примеры тех изменений, которые были осуществлены за время его работы в группе обеспечения стратегической политики, но также показывает, как государства-участники ограничивают автономность секретариата.

По мнению Луки Анчески, взаимодействие ОБСЕ с Туркменистаном не было оптимальным. Он утверждает, что минимальное и избирательное взаимодействие снижает роль ОБСЕ, поскольку ограничивает изменения теми немногими областями, в которых осуществляется ее деятельность. В результате ущерб наносится безопасности в регионе ОБСЕ, поскольку авторитаризм, по его мнению, является причиной отсутствия безопасности. В качестве альтернативы он предлагает ОБСЕ при взаимодействии с Туркменистаном рассматривать авторитарную политику как проблему. Следовательно, ОБСЕ следует воздерживаться от такой деятельности, как наблюдение за выборами в ограничительных условиях, и более системно продвигать права человека.

В целом в материалах ОБСЕ Insights 2022 представлены подходы и рекомендации, которые могут помочь ОБСЕ не только выжить, но и обрести более заметную роль в обеспечении всеобъемлющей безопасности, основанной на сотрудничестве.

## Благодарности

Мы благодарны авторам, которые поделились своими идеями о том, как ОБСЕ может справиться с кажущимися неразрешимыми проблемами. Мы также благодарны рецензентам за то, что они нашли время прокомментировать проекты статей, и нашим коллегам из Института исследования проблем мира и политики безопасности при Университете Гамбурга (IFSH) и Центра исследований ОБСЕ (CORE) IFSH. Мы особенно благодарны Андре Хертелю и нашему русскоязычному координатору за руководство подготовкой изданий ОБСЕ Insights соответственно на немецком и русском языках. Мы глубоко признательны Франку Эверсу, делившемуся с нами своими экспертными знаниями по ОБСЕ, за неустанную координацию сложных рабочих процессов в Центре исследований ОБСЕ.

Большой вклад внесли также наши редакторы, переводчики и корректоры, работавшие тщательно и терпеливо. Мы благодарим Корину Альт, Каролин Бенсон, Романа Доброхотова, Олену Сивуду и Михаэля Ве. Мы также воспользовались поддержкой Стефана Вольфа и Андрея Загорского. Федеральное министерство иностранных дел Германии предоставило финансирование, а авторы издания получили полезную информацию от различных министерств иностранных дел и исполнительных структур и институтов ОБСЕ (мнения, высказываемые в данном сборнике, принадлежат только авторам). И последнее, но не менее важное: мы благодарим издательство «Номос», особенно Эву Ланг и Карстена Ребайна за то, что они разделяют наш энтузиазм в отношении ОБСЕ Insights.

# ОБСЕ на пороге пятидесятилетия: есть ли у организации будущее?

*Уильям Х. Хилл**

*Аннотация*

Вторжение России в Украину поставило вопрос о будущем ОБСЕ: может ли Российская Федерация оставаться участницей организации, занимающейся вопросами сотрудничества и безопасности? Несмотря на высказываемые в этой связи сомнения, у ОБСЕ может быть будущее, хотя и более скромное и противоречивое. ОБСЕ после 2022 г. должна стать общеевропейской площадкой для диалога по важным вопросам безопасности, аналогично ее изначальной функции, которую она выполняла в 1970-е гг. Институты ОБСЕ, созданные после окончания «холодной войны», будут менее активны, поскольку очевидно отсутствие консенсуса государств-участников относительно их деятельности. Такие нормы ОБСЕ, как десять принципов Заключительного акта, не нуждаются в пересмотре, но должны оставаться эталонами, к которым стремятся все государства-участники. Существуют фундаментальные вопросы безопасности, затрагивающие Европу, которые остро нуждаются в решении. ОБСЕ выживет, если государства-участники сделают ее форумом, в рамках которого будут искать и находить согласие по этим вопросам.

*Ключевые слова*

ОБСЕ, безопасность, Россия, общеевропейский

Для цитирования этой публикации: Хилл У. Х. ОБСЕ на пороге пятидесятилетия: есть ли у организации будущее? / К. Фризендорф, А. Картсонаки (отв. ред.) // ОБСЕ Insights 1/2022 – Баден-Баден: Номос, 2023. URL: https://doi.org/10.5771/9783748936770-01

## Введение

В конце 2021 г. вопрос, вынесенный в заголовок этой статьи, мог показаться необычным. Многие европейские дипломаты тогда размышляли, стоит ли и где проводить саммит ОБСЕ в 2025 г., чтобы отметить пятидесятую годовщину подписания хельсинкского Заключительного акта. Теперь же в условиях неспровоцированного нападения России на Украину и войны с ней многие из этих дипломатов задаются

* Уильям Х. Хилл
Эксперт Международного научного центра им. Вудро Вильсона, Вашингтон, округ Колумбия.

вопросом, может ли Российская Федерация вообще быть участницей организации, занимающейся вопросами безопасности и сотрудничества.

На пятом десятилетии Хельсинкского процесса массированное нападение России на Украину нарушило многие, если не большинство принципов, принятых в Хельсинки в 1975 г. и подтвержденных, углубленных и расширенных в парижской Хартии 1990 г. и ряде других знаковых нормативных документов ОБСЕ. В частности, нападение Москвы на Киев нарушает как минимум такие принятые в рамках ОБСЕ обязательства, как необходимость воздерживаться от применения силы, нерушимость границ, территориальная целостность государств, мирное урегулирование споров, а также выраженную в Заключительном акте приверженность миру, безопасности и справедливости. Войны между государствами—участниками ОБСЕ случались и раньше, в частности, на Балканах и Южном Кавказе в 1990-е гг. Однако войны такого масштаба между двумя крупнейшими государствами Европы не было со времени окончания Второй мировой войны и уж тем более за всю полувековую историю СБСЕ–ОБСЕ.

Соединенные Штаты, возможно, с особой осторожностью будут подходить к возобновлению сотрудничества с Россией после войны, будь то в рамках ОБСЕ или в других форматах. Хотя некоторые американские дипломаты высоко ценят ОБСЕ, организация никогда не была особенно популярна, широко известна или хорошо понятна политическим лидерам США и американским избирателям. Для большинства американцев, если они вообще о ней слышали, ОБСЕ – это относительно малоизвестная европейская организация, занимающаяся вопросами прав человека. На этом фоне многие официальные лица в США задаются вопросом: зачем поддерживать занимающуюся правами человека организацию, в которую входит Россия, если Москва нарушает большинство своих обязательств, принятых в ее рамках. В лучшем случае предлагается сохранить ОБСЕ, но исключить из нее Россию. Как будет показано ниже, у этого предложения нет шансов на реализацию. Однако подобные настроения наводят на мысль о том, что организацию, в задачи которой входит в том числе укрепление сотрудничества между США и Россией, ждет безрадостное будущее.

Для того чтобы ОБСЕ смогла пережить войну России против Украины, государствам-участникам необходимо вернуть организацию к ее изначальной цели поддержания политического диалога и диалога по вопросам безопасности между противостоящими, зачастую враждебными государствами. Политические лидеры должны признать, что после вторжения России в Украину институты и структуры ОБСЕ, учрежденные в конце «холодной войны» и действовавшие в условиях необычайно широкого консенсуса, больше не будут пользоваться прежним уровнем поддержки, и масштабы их деятельности скорее всего сократятся. Основные нормы и обязательства, принятые в рамках ОБСЕ, не нуждаются в пересмотре, но государства-участники должны признать, что в современной международной обстановке многие из них часто и порой грубо нарушаются. Однако несмотря на эту проблему есть важные общеевропейские вопросы политики и безопасности, требующие безотлагательного решения. ОБСЕ является естественной площадкой для их обсуждения.

Цель данной статьи – понять, как сложились нынешняя структура и деятельность ОБСЕ, чтобы определить, в каком виде она может сохраниться после войны в Украине. В статье рассматривается, с какой целью было созвано СБСЕ во время «холодной войны» и как формировались институты и структуры организации после окончания «холодной войны». Затем дается обзор дискуссии об архитектуре европейской безопасности в 1990-е гг., ее влияния на роль ОБСЕ и отношения России к организации. В завершение в статье анализируются нынешняя структура и деятельность ОБСЕ, ситуация в области безопасности в Европе и то, какие вопросы и задачи может в будущем решать ОБСЕ.

## Зачем были созданы СБСЕ и ОБСЕ?

Чтобы представить, какой может быть ОБСЕ после войны в Украине, я считаю полезным начать с вопроса о том, зачем в свое время было созвано СБСЕ. В начале 1970-х гг. Соединенные Штаты, Советский Союз и крупные европейские державы были заинтересованы в достижении своих важнейших целей в области политики и безопасности на основе многосторонних общеевропейских переговоров. С начала 1950-х гг. СССР предлагал созвать конференцию по европейской безопасности для подписания мирного договора, который бы официально закрепил территориальные изменения в Европе, согласованные в Ялте в феврале 1945 г. Соединенные Штаты и их союзники сначала противодействовали этим советским предложениям, но к концу 1960-х гг. Вашингтон все больше склонялся к «нормализации» отношений между Востоком и Западом в том числе путем достижения договоренностей в области контроля над стратегическими и обычными вооружениями и заключения широкого соглашения о правилах поведения в отношениях между государствами, а также внутри государств (в частности, в том, что касается контактов между людьми и соблюдения прав человека).

Стремление к широкому соглашению между Востоком и Западом привело не только к подписанию Заключительного акта и последующему развитию «Хельсинского процесса», но и к переговорам по взаимному и сбалансированному сокращению обычных вооружений, кульминацией которых стало подписание в 1990 г. Договора об обычных вооруженных силах в Европе (ДОВСЕ). С самого начала СБСЕ – или Хельсинкский процесс – предполагало договоренность как о нормах поведения, так и оперативной деятельности. На встречах представителей государств-участников, проходивших в рамках положений о дальнейших шагах после совещания, а также на проводившихся в промежутках между ними встречах экспертов продолжались обсуждение и принятие новых обязательств во всех трех «корзинах», формировались конкретные нормы и обязательства, призванные регулировать отношения между государствами и внутри государств. Предусмотренные Заключительным актом меры укрепления доверия и безопасности (МДБ) требовали определенного объема контактов, наблюдения и предоставления информации, который со временем расширялся по мере согласования в ходе дальнейших переговоров новых МДБ.

Важнейшим моментом в этом очень беглом обзоре истоков организации является то, что все основные государства—участники ОБСЕ рассматривали данный институт – в то время это был форум для продолжения переговоров – как площадку, на которой они могли преследовать и достигать некоторые из своих наиболее важных общеевропейских целей в сфере безопасности, дипломатии и политики. Так СБСЕ работало вплоть до подписания в августе 1975 г. Заключительного акта. Я бы утверждал, что оно продолжало так работать по крайней мере до подписания парижской Хартии и ДОВСЕ в ноябре 1990 г. и, возможно, до саммита СБСЕ в Хельсинки в июле 1992 г., на котором был принят документ «Вызов времени перемен».

## СБСЕ и окончание «холодной войны»

Окончание «холодной войны» сопровождалось впечатляющим, но непродолжительным периодом широкого консенсуса государств—участников СБСЕ, что способствовало активизации его нормотворческой деятельности. Беспрецедентный уровень согласия государств-участников также сместил баланс в формирующейся организации в сторону оперативной деятельности. Бюро по свободным выборам, учрежденное на парижском саммите, быстро расширилось и было преобразовано в БДИПЧ – Бюро по демократическим институтам и правам человека с гораздо более широким и интрузивным мандатом. Центр по предотвращению конфликтов (ЦПК), открывшийся в Вене в 1991 г., вскоре стал штаб-квартирой, оказывающей поддержку полевым миссиям ОБСЕ. Первые миссии были согласованы и развернуты в 1992 г., а к 2000 г. их было уже девятнадцать. На хельсинкском саммите 1992 г. был учрежден пост Верховного комиссара по делам национальных меньшинств (ВКНМ), тихая дипломатия и посреднические усилия которого быстро получили признание на всем пространстве ОБСЕ.

После 1990 г. СБСЕ оставалось форумом для широкого диалога по вопросам политики и безопасности, который был институционализирован с созданием Постоянного совета, в котором представлены главы делегаций государств-участников и заседания которого проходят не реже одного раза в неделю. Первоначально эти дискуссии носили свободный и широкий характер, но постепенно они приобрели более институционализированный и формализованный характер. Для обсуждения вопросов военной безопасности был учрежден Форум по сотрудничеству в области безопасности, регулярные заседания которого также проходят в Вене. К середине 1990-х гг. СБСЕ было преобразовано в Организацию по безопасности и сотрудничеству в Европе (ОБСЕ) с штаб-квартирой в Вене.

Развертывание миссий ОБСЕ, а их количество быстро увеличивалось в 1990-е гг., в большинстве случаев было спонтанной реакцией на развитие событий, а не реализацией какой-то тщательно продуманной концепции. По этой причине в 1990-е и в начале 2000-х гг. характер полевых миссий менялся. Их мандаты предполагали участие сначала в урегулировании конфликтов, затем – в постконфликтном восстановлении, а на более позднем этапе – оказание содействия в переходный период. Предложение Нидерландов об учреждении поста ВКНМ было ответом на нараставшую межэтническую и межнациональную рознь, примером которой стали войны в бывшей Югославии в 1990-е гг. Можно утверждать, что решения об учреждении миссий и иной деятельности в этот период скорее отражали ситуативное согласие государств-участников, достигавшееся под влиянием обстоятельств, а не устойчивый консенсус относительно новых целей и видов деятельности ОБСЕ.

Миссии ОБСЕ на местах, дополнившие ее продолжавшееся нормотворчество, существенно расширили масштаб и охват деятельности организации. С 1975 по 1990 г. государства-участники постепенно открывались для влияния извне на их внутренние дела, устанавливая стандарты обращения государств со своими гражданами, указывая на нарушения этих стандартов и предлагая добрые услуги для содействия в соблюдении принятых норм. С самого начала Хельсинкский процесс предполагал отказ государств-участников от части суверенных прав, соглашаясь с тем, что другие государства имеют законное право наблюдать и подвергать сомнению правомерность тех или иных внутриполитических решений. Наблюдение за выборами, осуществляемое БДИПЧ, визиты ВКНМ и его сотрудников, а также деятельность полевых миссий способствовали значительному расширению сферы этого добровольного ограничения или разделения суверенитета после 1990 г.

Первоначально почти все государства-участники считали этот процесс благом. В 1990-е гг. государства ОБСЕ в целом приветствовали наблюдателей на выборах и поддерживали развертывание полевых миссий в интересах предотвращения конфликтов, посредничества или постконфликтного примирения и восстановления. Этот процесс разделения суверенитета был (и остается) добровольным и основанным на сотрудничестве. Миссии ОБСЕ по наблюдению за выборами и полевые миссии развертываются и работают с согласия принимающего государства, но их деятельность порой может затрагивать деликатные или противоречивые аспекты внутренних дел страны. На начальном этапе такая оперативная деятельность считалась полезной с точки зрения оказания государствам содействия в решении проблем, выполнении обязательств или осуществлении трудного перехода от одной политико-экономической системы к другой. Однако некоторые государства-участники – в первую очередь Россия – постепенно стали воспринимать многие из этих операций ОБСЕ как инструменты для достижения некоторыми другими государствами-участниками собственных геополитических целей.

Уильям Х. Хилл

## Дискуссия об архитектуре европейской безопасности

Первоначальный консенсус, позволивший принять парижскую Хартию, копенгагенский, венский и хельсинкский документ «Вызов времени перемен», вскоре сменился разногласиями по существенным вопросам. Задолго до возникновения сегодняшней конфронтации между Россией, с одной стороны, и США, НАТО и ЕС – с другой, в 1990-е гг. у Москвы и ее основных партнеров по переговорам сформировались разные подходы к архитектуре европейской безопасности. Если говорить упрощенно, российские лидеры хотели, чтобы ОБСЕ стала центральной организацией, занимающейся вопросами европейской безопасности и управляемой по примеру ООН небольшим советом безопасности, в который входили бы крупные державы, включая США и Россию. Соединенные Штаты и большинство крупных европейских держав были готовы делегировать ОБСЕ решение важных задач, но при этом рассматривали либо НАТО, либо ЕС (или обе эти организации) в качестве ведущих европейских институтов, занимающихся вопросами политики и безопасности.

Дискуссия об архитектуре европейской безопасности и роли ОБСЕ продолжалась на протяжении большей части 1990-х гг. Ее итоги были подведены на стамбульском саммите 1999 г. В Стамбуле главы государств-участников приняли два знаковых документа. Первым была Хартия европейской безопасности – амбициозный, всеобъемлющий документ, частично отражавший стремление России установить иерархичную систему европейских институтов безопасности. Россия по крайней мере в некоторых ситуациях (безуспешно) ссылалась на положения этого документа, и Москва продолжает обвинять западных партнеров в их несоблюдении. В частности, в 2021 и 2022 гг. министр иностранных дел России Лавров неоднократно утверждал, что западные государства не соблюдают положения этого документа, касающиеся неделимости безопасности, утверждая, что ни одно государство-участник не должно укреплять свою безопасность за счет других[1].

Другим важным документом, принятым в Стамбуле, было соглашение об адаптации ДОВСЕ (АДОВСЕ), сторонами которого, как и договора 1990 г., были не все государства-участники, но который был согласован и подписан «в рамках» ОБСЕ. Западные страны, подписавшие АДОВСЕ, выдвинули условия его ратификации, предусматривавшие вывод российских войск из Грузии и Молдовы. Западные государства утверждают, что Россия не выполнила эти условия, поэтому адаптированный ДОВСЕ был ратифицирован только частью его участников и не вступил в силу.

В течение 2000-х гг. в результате расширения НАТО и ЕС в сочетании с другими политическими и экономическими процессами, а также и событиями в сфере безопасности, в Европе сложилась ситуация, в которой ключевые решения по вопросам политики и безопасности все чаще обсуждались в Брюсселе и Вашингтоне и все реже – в Вене. В своей книге «Нет места для России» я более подробно описываю расширение и развитие НАТО и ЕС, а также растущее разочарование Москвы в

ОБСЕ после 2001–2002 гг. Все это привело к тому, что в рамках организации становилось все труднее достигать консенсуса и добиваться результатов по важным вопросам[2]. Россия, в частности, все чаще утверждала, что деятельность ОБСЕ, затрагивающая ее внутренние дела, к примеру, выборы, была направлена против нее и служила геополитическим интересам некоторых других государств-участников.

В результате сегодня в отношениях России с большинством ее европейских партнеров по переговорам возникло отчуждение. Россия смотрит на них с обидой, подозрением, она не настроена на сотрудничество и воинственна. Европа вновь разделена на Восток и Запад, причем эта разделительная линия проходит гораздо дальше на востоке, чем тридцать лет назад, когда закончилась «холодная война». Что еще хуже, между Россией и ее крупнейшим европейским соседом идет большая война. Каковы бы ни были причины данной ситуации, главный вопрос должен заключаться в том, как выйти из современного кризиса, избежав еще более масштабной войны, и как перестроить систему европейской безопасности таким образом, чтобы война больше не повторилось.

## Нынешняя и будущая ОБСЕ

Несколько положений этого обзора истории ОБСЕ важны как для понимания того, почему организация является такой, какая она есть, так и для представления о том, что могло бы сделать ее востребованной, полезной и привлекательной в будущем. Во-первых, организация должна стать площадкой для реального, предметного диалога по важнейшим вопросам безопасности. Ее можно использовать и для публичного заявления своих политических позиций, но организация погибнет, если это станет ее главной целью. Если одно или несколько государств-участников будут настаивать на ограничении повестки дня ОБСЕ и исключении из нее каких-то вопросов, организация тоже умрет.

Во-вторых, ее состав участников должно быть универсальным. В противном случае другие организации будут играть не меньшую или даже большую роль. Россия должна оставаться участницей, в противном случае ОБСЕ мало будет отличаться от расширенных ЕС или НАТО. Будучи вечным аутсайдером, Россия будет вечным разрушителем. Участие России (или несговорчивых малых государств) может сделать дискуссии в организации более острыми и затруднять достижение консенсуса, но переговоры по сложным, вызывающим споры вопросам никогда не бывают легкими. История исключения и возвращения Белграда в ОБСЕ демонстрирует оборотную сторону решений об исключении государства-участника. В 1992 г. главам других государств казалось справедливым отстранить Милошевича от участия в работе организации, что позволило ему в 1997–1998 гг. игнорировать ОБСЕ, которая к тому времени стремилась получить больше рычагов влияния на него. Принимать решения без России может показаться проще, но смысл ОБСЕ в том, чтобы она была площадкой для принятия обязывающих решений *вместе с* Россией.

В-третьих, организация должна иметь возможность меняться по мере изменения обстоятельств. Многие институты ОБСЕ были учреждены под влиянием конкретных обстоятельств и событий. По мере изменения ситуации и под влиянием других событий некоторые институты могут утратить свою востребованность или полезность, и им следует позволить ослабеть или исчезнуть. Сохраниться должна сама организация, но не обязательно все ее структуры, по крайней мере в их нынешнем виде.

Наконец, уровень доверия между государствами—участниками ОБСЕ находится сегодня на историческом минимуме. Возможно, взаимная подозрительность и враждебность в отношениях между ними сейчас даже выше, чем в 1973 г. в отношениях между двумя сверхдержавами и их альянсами. В этом смысле мы не просто вернулись к исходной точке, но скорее всего находимся даже в более сложной ситуации. Прежде чем можно будет договориться о новых универсальных нормах, возобновить широкую оперативную деятельность и наладить всестороннее сотрудничество, необходимо восстановить определенную степень взаимного доверия между государствами-участниками. Лучшим способом сделать это, насколько это возможно, было бы начать работу над самыми насущными вопросами в надежде, что процесс их открытого обсуждения, принятия и реализации некоторых решений будет способствовать постепенному восстановлению взаимного доверия. Этот процесс будет трудным, и не стоит ожидать немедленного улучшения отношений или быстрых результатов.

После нападения России на Украину и начала полномасштабной войны многим западным политикам и экспертам по мировой политике трудно представить себе, как Российская Федерация может оставаться участницей международной организации, занимающейся вопросами безопасности и сотрудничества. Однако история подсказывает, что в какой-то момент – и, возможно, раньше, чем многие ожидают – государства Европы и Северной Америки снова сочтут возможным и желательным серьезное и предметное взаимодействие с Россией. Так, в 1972 г., менее чем через четыре года после подавления Советским Союзом «Пражской весны», Соединенные Штаты и СССР подписали Договор об ограничении систем противоракетной обороны и Договор об ограничении стратегических наступательных вооружений. Год спустя начались многосторонние переговоры, приведшие к подписанию Заключительного акта. Несмотря на острую враждебность, вызванную российским вторжением в Украину и войной против нее, можно представить себе, как и когда сможет возобновиться более широкий политический диалог с Россией.

Какую роль в этом может сыграть ОБСЕ? Учитывая, что Россия в настоящее время нарушает многие основополагающие обязательства, принятые в рамках организации за последние четыре десятилетия, есть ли основания полагать, что ОБСЕ сыграет в этом какую-то роль? Ответ кроется в ее истории. Организация создавалась – и этот ее фундамент никуда не исчез – как форум для политического диалога, в котором участвуют все государства Европы, два крупных государства Северной Америки и пять бывших советских государств Центральной Азии. Если ОБСЕ не станет площадкой для возможного в будущем общеевропейского политического диалога с участием России, то где этот диалог будет происходить? Обзор существующих альтернатив показывает, что тогда придется заново создавать похожую на ОБСЕ площадку.

Универсальный состав участников ОБСЕ говорит в пользу сохранения организации. Однако не следует исходить из того, что деятельность организации может просто возобновиться в том же виде, что и до российско-украинской войны. Мы должны признать, что европейская безопасность и политический ландшафт в 2022 г. сильно отличаются от тех, на фоне которых дипломаты начинали переговоры по европейской безопасности в Женеве в 1973 г. В результате войны в Украине, независимо от того, какими договоренностями будет оформлено ее завершение, отношение к России не будет таким же, каким было отношение к Советскому Союзу в 1973 г. К тому же в Европе происходят структурные и институциональные перемены, которые коренным образом изменили как методы ведения дел в ОБСЕ, так и круг вопросов, которые государства-участники захотят включить в повестку дня организации.

С 1973 г. по 1990–1991 гг. в СБСЕ существовали три основные группы государств-участников: члены НАТО, Варшавского договора и нейтральные и неприсоединившиеся государства. Эти три группы обычно проводили заседания для выработки общих позиций по вопросам, которые затем обсуждались тремя группами на пленарных заседаниях. Сегодня члены НАТО и ЕС составляют намного большую долю государств-участников, чем до 1991 г. Их состав во многом, хотя и не полностью, совпадает. Число нейтральных и неприсоединившихся государств в ОБСЕ уменьшилось. Кроме того, многие нейтральные страны стремятся вступить в ЕС (а некоторые также в НАТО) и обычно присоединяются к позиции ЕС. Это означает что после того, как страны НАТО или (особенно) ЕС согласуют общую позицию, очень трудно противостоять ей или изменить ее, учитывая фактический плюрализм мнений в ЕС. Число государств-участников, поддерживающих Россию, невелико, и Россия почти всегда оказывается в меньшинстве, когда страны ЕС или НАТО принимают решение об общей позиции.

Наконец, НАТО и ЕС иногда просто принимают и реализуют решения, затрагивающие, по мнению России, ее важные интересы, не обсуждая их в ОБСЕ. Наиболее очевидными примерами являются решение НАТО начать войну против Сербии и Черногории в марте 1999 г. и признание независимости Косово в 2008 г. Москву возмутило не только содержание этих решений, но и тот факт, что НАТО и ЕС приняли и реализовали их вопреки явной и резкой оппозиции со стороны России.

Учитывая эти структурные особенности архитектуры европейской безопасности и поведение НАТО и ЕС, у Москвы все меньше стимулов выносить важные вопросы на обсуждение в ОБСЕ. Российское руководство все больше воспринимало ОБСЕ как площадку, которую ее западные партнеры по переговорам используют в первую очередь для оказания давления на нее или дискредитации России. Если исходить из этого восприятия, нетрудно прийти к выводу, что у России было намного больше возможностей повлиять на политику НАТО и ЕС в ходе двусторонних переговоров НАТО-Россия или ЕС-Россия до принятия этими организациями окончательного решения. Другой путь, который мог бы показаться Москве привлекательным, – попытаться расколоть или разрушить два блока. В последнее десятилетие становилось все более очевидным, что Россия в своей политике реализует именно этот подход.

## Что может и должна сделать ОБСЕ?

Прежде всего ОБСЕ может заниматься тем, для чего она изначально была создана – политическим диалогом по вопросам, представляющим интерес для всех государств Европы. Таких вопросов может быть меньше или они могут отличаться от тех, которые обсуждались в 1973 г., но некоторые из них все же останутся в повестке дня. До своего неспровоцированного нападения на Украину 24 февраля 2022 г. Россия наряду с двухмесячным дипломатическим муссированием неприемлемых для Соединенных Штатов, НАТО и других европейских стран предложений поставила ряд правомерных вопросов для обсуждения всеми европейскими государствами. После прекращения боевых действий в Украине и достижения разумного урегулирования (пусть даже временного) государства—участники ОБСЕ могли бы вернуться к обсуждению некоторых из этих, а также других вопросов.

Может ли ОБСЕ стать площадкой для переговоров по прекращению войны в Украине? Организация слишком велика, громоздка и неоднородна, чтобы выступать в качестве прямого посредника в конфликте. Тем не менее, одно или несколько государств-участников вполне могут предложить свои услуги в качестве посредников, имея в виду, что переговоры проходили бы «в контексте ОБСЕ». Такая договоренность предоставила бы заинтересованным государствам-участникам возможность быть в курсе переговоров и перспектив урегулирования и позволила бы использовать институты и ресурсы ОБСЕ в интересах выполнения соглашения о прекращении огня или мире.

В более широкой и долгосрочной перспективе ОБСЕ может и должна быть форумом для обсуждения вопросов обычных вооруженных сил, особенно вопросов, связанных с укреплением доверия и транспарентности. Положения действующего Венского документа и адаптированного ДОВСЕ во многом учитывают обычные вооружения, технику и потенциалы, которые значительно устарели, если не изжили себя. Венский документ отчаянно нуждается в обновлении, и его обсуждение следует начать с того, как построить доверие и транспарентность с учетом современных состава и потенциалов обычных вооруженных сил. Необходимо разработать правила и стандарты поведения для новых сфер, потенциалов и вызовов, которые просто не существовали на момент принятия большинства основополагающих документов ОБСЕ, в частности, для киберпространства, социальных сетей, космоса, изменения климата – это лишь некоторые примеры. Многие из этих вопросов, вероятно, будут решаться на глобальном уровне в рамках ООН. Однако у государств—участников ОБСЕ все еще может оставаться значительный простор для обсуждения того, что может быть согласовано и сделано на сугубо региональной основе.

Наконец, существуют устоявшиеся структуры и нормативная база ОБСЕ – ЦПК, полевые миссии, БДИПЧ, ВКНМ, Представитель по вопросам свободы СМИ и множество важных нормативных документов. От этих структур не следует отказываться, но государствам и отдельным лицам, преданным делу ОБСЕ, необходимо будет признать и согласиться с тем, что в отсутствие консенсуса государств-участников деятельность этих институтов почти наверняка будет менее активной и менее амбициозной. Их бюджеты и штаты скорее всего придется сократить. Это не означает, что заинтересованные государства-участники не должны пытаться использовать миссии и институты ОБСЕ для решения насущных проблем, но в обозримом будущем достичь консенсуса в отношении их деятельности будет намного труднее.

Нас ждет длительный период, на протяжении которого многие важные документы и обязательства в рамках ОБСЕ будут скорее нарушаться, чем (неукоснительно) соблюдаться. Это не следует воспринимать как катастрофу. Всеобщая декларация прав человека грубо нарушалась многими государствами и лидерами после ее принятия в 1948 г., но она по-прежнему представляет собой эпохальный стандарт, которому мы все стремимся соответствовать. То же самое можно сказать о Заключительном акте, парижской Хартии и других знаковых документах ОБСЕ. Зафиксированные в них обязательства и нормы не исчезают только потому, что они были нарушены. Но нам предстоит приложить немало усилий для того, чтобы они вновь были востребованы и соблюдались.

В 2025 г. ОБСЕ предстоит важный юбилей. Для того, чтобы должным образом отметить его, нам не нужно пересматривать хельсинкский декалог принципов. Помимо одобрения в рамках всей ОБСЕ мирного соглашения между Россией и Украиной, согласования отдельными государствами-участниками гарантий безопасности можно было бы подтвердить приверженность всех государств-участников более строгому соблюдению принципов ОБСЕ. Российско-украинская война и ее последствия являются самыми острыми проблемами в области безопасности, стоящими сегодня перед Европой. Предоставляя возможность для обсуждения и нахождения решений этих проблем, а решать их в каких-то рамках все равно придется, ОБСЕ может опять стать значимой и востребованной организацией.

## Примечания

1 См.: Russia cites 1999 charter text for insistence on 'indivisible security' // Reuters. 1 February 2022. URL: https://www.reuters.com/world/europe/russia-cites-1999-charter-text-insistence-indivisible-security-2022-02-01/.

2 См.: Hill W. H. No Place for Russia: European Security Institutions Since 1989. – New York: Columbia University Press, 2018.

# В поисках нового: ОБСЕ нуждается в стратегии

*Уолтер Кемп**

*Аннотация*

В статье рассматриваются прошлые попытки разработать стратегию в рамках ОБСЕ, их ограниченный успех и влияние на организацию. В ней также рассматривается, как война в Украине и напряженность в отношениях между Россией и Западом привели к переосмыслению стратегии обеспечения европейской безопасности и какие последствия это может иметь для организации. В статье делается вывод о том, что хотя ОБСЕ столкнулась с проблемами в попытке целенаправленной разработки стратегии, возможно, ей придется разработать стратегию в силу необходимости – как для собственного спасения, так и для восстановления мира и безопасности в Европе.

*Ключевые слова*

ОБСЕ, стратегия, группа обеспечения стратегической политики, Украина, безопасность, основанная на сотрудничестве

Для цитирования этой публикации: Кемп У. В поисках нового: ОБСЕ нуждается в стратегии / К. Фризендорф, А. Картсонаки (отв. ред.) // ОБСЕ Insights 2/2022 – Баден-Баден: Номос, 2023. URL: http: https://doi.org/10.5771/9783748936770-02

## Введение

Стратегия предполагает «преодоление разницы между менее оптимальным текущим … и более оптимальным будущим положением дел»[1]. С момента своего учреждения в 1975 г. смысл ОБСЕ–СБСЕ заключался в том, чтобы привести Европу от неоптимального положения дел к состоянию безопасности, в большей степени основанному на сотрудничестве. В стратегии определяются желаемые цели, а также пути, средства и возможности, необходимые для достижения желаемого результата. Стратегия также должна учитывать затраты и риски, связанные с ее реализацией. В ОБСЕ по существу не было стратегии, которая направляла бы деятельность организации к достижению цели обеспечения безопасности на основе сотрудничества.

---

* Директор по вопросам стратегии борьбы с транснациональной организованной преступностью, Глобальная инициатива. Советник по стратегической политике, Женевский центр политики безопасности.

Когда в начале 1970-х гг. было созвано Совещание по безопасности и сотрудничеству в Европе (СБСЕ), перед ним стояла четкая цель. Как было заявлено в хельсинкском Заключительном акте, государства—участники СБСЕ ставили перед собой цель содействовать улучшению отношений между ними и обеспечению условий, в которых их народы могли бы жить в условиях мира[2]. Для коммунистического блока СБСЕ было способом закрепить статус-кво. Для Запада и хельсинкских комитетов (особенно в Восточной Европе), вдохновленных правозащитными аспектами Заключительного акта, СБСЕ было способом способствовать большей открытости за «железным занавесом» и даже приподнять его. Поэтому обе стороны, а также занимавшие промежуточное положение между ними нейтральные и неприсоединившиеся государства были стратегически заинтересованы в поддержании процесса СБСЕ. Цель заключалась в укреплении безопасности через сотрудничество.

Это сработало. СБСЕ внесло свой вклад в регулирование отношений между Востоком и Западом во время «холодной войны». Можно сказать, что к 1989–1990 гг. СБСЕ достигло своей цели. В то время заговорили о том, что СБСЕ может стать основой нового общеевропейского дома. Хотя эта идея не получила той поддержки, на которую рассчитывал президент Горбачев, в парижской Хартии для новой Европы, подписанной 21 ноября 1990 г., были сформулированы видение объединенной Европы и руководящие принципы формирования сообщества свободных и демократических государств от Ванкувера до Владивостока. Было также общее понимание того, что достижение высоких целей Хартии «потребует нового качества политического диалога и сотрудничества» и, следовательно, формирования структур СБСЕ[3]. Встречи стали более регулярными. Были созданы институты, включая секретариат, Центр по предотвращению конфликтов, Бюро по свободным выборам и Парламентскую ассамблею. Иными словами, был план, и СБСЕ получило средства (ресурсы и возможности) для достижения желаемых целей.

Но надежда на новую эру мира была быстро омрачена конфликтами в некоторых частях бывшего Советского Союза, в том числе в Грузии и Молдове, а также между Арменией и Азербайджаном. Для решения порожденных переменами проблем требовалась новая стратегия, а СБСЕ нуждалось в новых инструментах. Они были креативно и быстро созданы путем учреждения поста Верховного комиссара по делам национальных меньшинств, развертывания полевых миссий, создания постоянно действующих директивных органов, учреждения должности действующего Председателя, а также укрепления потенциала раннего предупреждения, предотвращения конфликтов и регулирования кризисов. Преобразование Совещания в Организацию нашло отражение в решении будапештского саммита 1994 г. о переименовании СБСЕ в ОБСЕ.

Однако ко времени проведения будапештского саммита стало очевидно, что для ряда стран приоритетом стало расширение НАТО и ЕС, а не превращение ОБСЕ в главный форум для решения вопросов европейской безопасности. Это привело к росту напряженности в отношениях между Россией и Западом, что осложнило сотрудничество. Ухудшение отношений между ними сделало еще более важной задачей разработку путей укрепления общей безопасности, но еще более трудным – согласование общей стратегии.

В статье рассматриваются попытки разработки стратегии в рамках ОБСЕ, в частности, на примере группы обеспечения стратегической политики. В статье также анализируются причины, по которым ОБСЕ, в отличие от других международных организаций, не смогла разработать долгосрочную стратегию. В заключении сформулированы рекомендации по разработке совместной повестки дня в области безопасности, которая позволила бы возродить ОБСЕ и способствовала бы реконструкции архитектуры европейской безопасности.

## Диалог в отсутствие стратегии

Одна из многих цитат, приписываемых американскому бейсболисту Йоги Берра, гласит: «Если вы не знаете, куда идете, то придете куда-то не туда». Это высказывание в полной мере относится к ОБСЕ.

С середины 1990-х гг. были достигнуты определенные успехи в разработке стратегий по реагированию на новые глобальные вызовы, включая меняющийся характер угроз для безопасности: терроризм, организованную преступность, насильственный экстремизм, преступления на почве ненависти и внутригосударственные конфликты. На стамбульском саммите 1999 г. были предприняты усилия по улучшению ситуации в области безопасности. Была принята Хартия европейской безопасности, подписано Соглашение об адаптации Договора об обычных вооруженных силах в Европе. На встрече Совета министров в Маастрихте в декабре 2003 г. государства-участники приняли Стратегию ОБСЕ по противодействию угрозам безопасности и стабильности в XXI в. и Документ-стратегию ОБСЕ в области экономического и экологического измерения. Тем не менее, в последующие годы не было предпринято никаких попыток рассмотреть, как цели, мандаты и возможности ОБСЕ могут быть систематически применены для решения очерченных в принятых стратегиях проблем.

Если в отношении стратегического контекста удалось достичь консенсуса, то по вопросу о том, как реагировать на быстро развивавшиеся события, найти общий язык становилось все труднее. «Цветные революции» в Грузии и Украине, война в Ираке, расширение НАТО и усиление все более напористой России при президенте Путине еще больше обострили отношения между Россией и Западом. В своей речи на Мюнхенской конференции по безопасности в 2007 г. Путин раскритиковал политику двойных стандартов, попрание норм международного права, «экспансию» НАТО и опасность однополярного мира. Он также предупредил, что «ОБСЕ пытаются превратить в вульгарный инструмент обеспечения внешнеполитических интересов одной или группы стран в отношении других стран»[4].

После войны в Грузии в 2008 г. были предприняты усилия по укреплению безопасности и сотрудничества, включая «процесс Корфу», призванный восстановить доверие между государствами и придать импульс диалогу по вопросам евроатлантической и евразийской безопасности[5]. На саммите ОБСЕ в Астане в декабре 2010 г. была принята декларация «На пути к сообществу безопасности», в которой была подтверждена приверженность идее «свободного, демократического, общего и неделимого евроатлантического и евразийского сообщества безопасности»[6]. К сожалению, план действий, который должен был установить конкретные цели для реализации этой идеи, не был принят из-за отсутствия консенсуса и разногласий по поводу продолжающихся в регионе ОБСЕ конфликтов.

Для придания большей целенаправленности обсуждению путей реализации сформулированной в Астанинской декларации цели «на основе скоординированного стратегического подхода» во время председательства Ирландии в ОБСЕ в 2012 г. было принято решение инициировать т.н. процесс «Хельсинки плюс 40»[7]. Обсуждения в рамках этого процесса сосредоточились скорее на внутренних аспектах реформирования ОБСЕ, а не на улучшении отношений между Россией и Западом. В итоге процесс был сорван аннексией Крыма и боевыми действиями в Луганске и Донецке в 2014 г.

В 2016 г. во время председательства Германии в ОБСЕ на встрече Совета министров в Гамбурге было принято решение о начале «структурированного диалога о нынешних и будущих вызовах и угрозах безопасности в регионе ОБСЕ с целью добиться более глубокого понимания этих вопросов, которое может послужить прочной общей основой для дальнейшего продвижения»[8]. Это решение позволило начать «структурированный диалог». Однако за ним не стояла стратегия развития данного процесса. Его председатель менялся почти каждый год, а со стороны ключевых государств не было достаточной политической воли. В результате пять лет обсуждений принесли мало результатов.

## Необходимость более стратегического подхода

Ставший Генеральным секретарем организации в 2017 г. Томас Гремингер видел необходимость более стратегического подхода. Благодаря опыту работы на посту представителя Швейцарии в ОБСЕ во время председательства этой страны в 2014 г. он был прекрасно осведомлен о тупиковой ситуации, сложившейся в официальных диалоговых форматах в ОБСЕ, и понимал необходимость свежего подхода. У него вызывало беспокойство отсутствие интереса стран к председательству в Организации. Поэтому он хотел укрепить в секретариате потенциал стратегического планирования и поддержки Председателя[9]. С этой целью он решил создать группу стратегического планирования политики, что соответствовало мандату Генерального секретаря, в который входит оказание поддержки Председателю «во всех мероприятиях, направленных на достижение целей ОБСЕ, в частности, путем, оказания экспертной, консультационной, материально-технической и иной помощи, которая может включать предоставление справочной информации, проведение анализа, консультации, подготовку проектов решений и проектов заявлений, составления кратких отчетов и архивную поддержку»[10].

В связи с бюджетными ограничениями и предчувствуя, что эта идея с самого начала может не найти поддержки со стороны всех государств-участников, Генеральный секретарь создал такое подразделение на внебюджетной основе. Его состав был укомплектован прикомандированными экспертами из Российской Федерации, США, Финляндии, а затем и Швейцарии[11].

Группа, вскоре переименованная в группу обеспечения стратегической политики, оказывала поддержку Председателям (действующему и будущему), готовила стратегические рекомендации для Генерального секретаря, помогала координировать подготовку проектов планов программной деятельности в рамках бюджетного процесса и работала с соответствующими подразделениями секретариата над разработкой более стратегических подходов к программной деятельности организации (например, в Центральной Азии) и со средиземноморскими партнерами. Бóльшая часть консультаций проводилась группой в устном формате и носила неофициальный характер. Одним из основных результатов деятельности группы было стимулирование более стратегического мышления в рамках секретариата и председательств. Группа также способствовала развитию площадок для неформального диалога, таких как программа «Перспективы 20–30» (с упором на молодежь), «дни безопасности», серия выступлений «Тезисы для обсуждения» и Инициатива по безопасности, основанной на сотрудничестве. Помимо этого она проводила исследования, включая подготовку (неопубликованного) доклада «Лидерство, преемственность и креативность: более привлекательная модель председательства», который обсуждался с участием представителей предшествующих и будущих председательств, а также внутренний документ о Китае и ОБСЕ.

В условиях ограниченных ресурсов и низкого доверия к международным организациям группа старалась работать с исполнительными структурами ОБСЕ, с тем чтобы сосредоточить их деятельность на тех областях, в которых ОБСЕ могла бы добиться успехов, подчеркнуть свою добавленную стоимость и усилить влияние. На совещаниях по планированию часто задавался вопрос: «что государства могут сделать вместе в ОБСЕ и не могут сделать самостоятельно или в рамках какой-либо другой организации». Другой вопрос — «как делать меньше, но лучше» (вместо обычной мантры «делать больше с меньшими затратами» в условиях нулевого номинального увеличения бюджета).

С самого начала группа воспринималась скептически некоторыми подразделениями секретариата и рядом делегаций в ОБСЕ. Высказывалась озабоченность по поводу того, как оны создавалась. Некоторые государства-участники считали, что следовало лучше обосновать для них эту идею и что она должна была быть согласована на основе консенсуса. Задавался вопрос: должен ли Генеральный секретарь играть какую-то роль в разработке стратегии организации и почему. Утверждалось, что это – прерогатива государств-участников. Другие считали, что ОБСЕ вообще не нуждается в стратегии, особенно в условиях ежедневно меняющейся обстановки в зоне кризиса в Украине. Но, как отмечает Лоуренс Фридман, «стратегия необходима там, где существует реальный или потенциальный конфликт, когда сталкиваются интересы и требуются механизмы их урегулирования»[12]. Стратегия нужна именно во время кризиса.

Эту необходимость понимал председательствовавший в ОБСЕ в 2019 г. министр иностранных дел Словакии Мирослав Лайчак. Он попытался наладить диалог между послами в Вене и пригласил министров иностранных дел стран ОБСЕ на неформальную встречу в Высоких Татрах. Он стремился найти точки соприкосновения для консенсуса и сотрудничества. Хотя встреча министров прошла конструктивно, этот настрой не сказался на работе Постоянного совета и решениях встречи министров в Братиславе в декабре 2019 г. С явным разочарованием Лайчак завершил председательство Словакии необычным шагом: он сделал заявление, в котором публично констатировал отсутствие консенсуса и заключил: «Для меня единственный способ использовать потенциал Организации [...] — это политическое участие и видение политической перспективы»[13].

Томас Гремингер использовал аналогичный подход и призвал разработать «общую объединяющую повестку дня». Его критиковали за то, что он якобы пытался искать точки соприкосновения в ущерб общим принципам, и поговаривали, что он слишком близок к Москве, не в последнюю очередь потому, что выражение «объединяющая повестка дня» до него использовали российские дипломаты. Не удалось даже согласовать с государствами-участниками планы программной деятельности на несколько лет (или хотя бы на два–три года), что позволило бы на долгосрочной основе привести политические приоритеты в соответствие с имеющимися ресурсами. В результате критики и циники одержали верх: организация была парализована из-за продвижения различными участниками конкурирующих, раскольнических, зачастую мелочных и даже личных повесток дня вместо общей, объединяющей.

В ситуации, когда государства-участники не хотели или не могли рассматривать долгосрочную перспективу, Генеральный секретарь, консультируясь с Тройкой председателей, поддержал запуск Инициативы по безопасности, основанной на сотрудничестве. Этот проект, осуществляемый в сотрудничестве с Фондом им. Фридриха Эберта и GLOBSEC, объединил восемнадцать экспертов из региона ОБСЕ. Он должен был стимулировать обсуждение вопроса о том, почему и как государства должны сотрудничать в интересах обеспечения безопасности и противостояния современным угрозам и вызовам. В рамках проекта были подготовлены доклад «Восстановление европейской безопасности» и ряд онлайн-продуктов, призванных генерировать новые идеи о возможностях налаживания «сотрудничества, основанного на принципах»[14]. Эксперты предупреждали: «нельзя допустить, чтобы для восстановления или построения новой системы европейской безопасности потребовалась большая война»[15]. Была надежда, что данная инициатива, реализовывавшаяся в рамках «второго трека», поможет сформулировать повестку дня для сотрудничества и что государства-участники воспользуются ею. Это не произошло, в частности, из-за пандемии коронавируса, а также потому, что государства-участники не испытывали большого желания искать пути снижения напряженности или определять возможные области сотрудничества на будущее.

## У каждого своя стратегия

Складывается впечатление, что в сообществе ОБСЕ существует неприятие стратегического мышления. Однако почти в каждом правительстве, компании, региональной или международной организации есть подразделение стратегической политики или политического планирования. Это стандартная практика. Почти каждая межправительственная организация разрабатывает свои стратегии. У ЕС есть ряд стратегических планов, а в начале 2022 г. он начал обсуждение «Стратегического компаса». В 2022 г. НАТО на мадридском саммите приняла новую стратегическую концепцию, чтобы «реагировать на текущие угрозы и вызовы безопасности и направлять свое дальнейшее политическое и военное развитие»[16]. Региональные организации в других частях мира формируют свои долгосрочные планы. Так, Африканский союз разработал Повестку дня 2063 – рассчитанный на 50-лет план, принятый в 2013 г. Организация Объединенных Наций, в которой в три раза больше членов, чем в ОБСЕ, разрабатывает свои стратегии и общие цели. Почему ОБСЕ не может это делать?

Возможно, это – недостаток воображения. Или до недавнего времени в этом не было необходимости. Может быть, отсутствие стратегии – это благо: зачем тратить время на переговоры и составление красивых речей, которые ничего не меняют? Сторонники этой точки зрения сказали бы, что лучше строить мир на земле, чем замки в небе. В любом случае, достижение консенсуса по стратегии европейской безопасности практически невозможно при таком количестве государств, придерживающихся столь разных взглядов и которых, похоже, больше не объединяет общее понимание проблем и целей. Кроме того, не следует ставить знак равенства между ОБСЕ как совокупностью государств и ее исполнительными структурами. Хотя ОБСЕ была преобразована из совещания в организацию с исполнительными структурами, решающая роль в ней по-прежнему принадлежит государствам-участникам. Дискуссия вокруг группы обеспечения стратегической политики и роли Генерального секретаря в разработке стратегии продемонстрировали нежелание ряда ключевых стран уступить контроль над важными политическими вопросами. При этом очевидно, что найти точки соприкосновения между 57 стратегиями национальной безопасности крайне трудно, особенно если некоторые страны рассматривают друг друга как самую большую угрозу.

Как бы то ни было, в результате ОБСЕ все время сосредоточена на своих внутренних делах, процедурных вопросах и бюджете. Редко находится место для обсуждения более важных вопросов, несмотря на то, что их очень много. Трудно воплотить общие приоритеты в политике, когда никто не занимается определением стратегических приоритетов. В итоге ОБСЕ оказалась в плену инерционного подхода – именно в тот момент, когда срочно требуются творческое мышление и новые подходы. Как отмечает Фридман, «наличие стратегии предполагает способность отвлечься от краткосрочных и тривиальных проблем и сосредоточиться на долгосрочных и существенных вопросах, устранять причины, а не симптомы, видеть лес, а не деревья»[17]. В настоящее время ОБСЕ, похоже, заблудилась в деревьях.

## Рекомендации: итеративная программа безопасности, основанной на сотрудничестве

Из-за войны в Украине государствам-участникам будет трудно достичь консенсуса в Постоянном совете или на встрече Совета министров. Трудно представить себе саммит ОБСЕ с участием президента Путина. Поэтому краткосрочной стратегией ОБСЕ будет выживание. Но пассивное ожидание лучших времен – не лучший способ планирования или формирования будущего. Надежда – это не стратегия. Настало время строить планы относительно того, какой может быть Европа после войны, и ОБСЕ – естественная площадка для обсуждения этого вопроса. Она должна быть проводником перемен, а не их продуктом. Но как это сделать в нынешних условиях?

Обсуждение «дорожной карты» по стабилизации ситуации в регионе ОБСЕ само по себе может стать объединяющей повесткой дня для государств-участников, придать целенаправленность ее работе и сформулировать цели на будущее. Хотя современные условия отличаются от тех, которые существовали в 1972 г., поскольку сегодня нет консенсуса относительно необходимости разрядки напряженности, Хельсинкский процесс 1972–1975 гг. может послужить примером взаимодействия государств-участников в интересах восстановления безопасности и сотрудничества в Европе в ходе итеративного процесса консультаций.

Для запуска такого процесса не потребуется основанное на консенсусе решение. Он может развиваться на основе существующих структур и процедур. Тот факт, что большинство встреч в настоящее время носит неформальный характер, позволяет вести открытый диалог о тех элементах, которые могли бы составить основу для европейского порядка безопасности, в большей мере основанного на сотрудничестве.

Тем не менее этот процесс необходимо направлять. Для этого «тройка» председателей ОБСЕ могла бы разработать «дорожную карту» основных ориентиров на период до возможной встречи высокого уровня в 2025 г., которая была бы приурочена к 50-й годовщине хельсинкского Заключительного акта. Если планировать стратегически, «тройка» могла бы провести краткий анализ текущих вызовов и ситуации и сформулировать желаемые цели работы над совместной повесткой дня в области безопасности, основанной на сотрудничестве. Это позволило бы определить общую повестку дня на ближайшие три года и облегчило бы работу будущих председателей, которым не пришлось бы разрабатывать собственные приоритеты на каждый год.

Центральное место в «дорожной карте» по безопасности, основанной на сотрудничестве, должны занять военно-политические вопросы – контроль над вооружениями, включая деэскалацию, разоружение и меры по укреплению доверия и безопасности. Установить мир в Украине будет непросто. Даже после прекращения боевых действий между Россией и Украиной трудно будет восстановить доверие как между Украиной и Россией, так и между Россией и Западом. Тем не менее ОБСЕ, опираясь на ее опыт в сфере контроля над вооружениями, в полной мере подходит для решения этих задач. Имеет смысл согласовать повестку дня Форума по сотрудничеству в области безопасности и «структурированного диалога», чтобы обеспечить общее понимание того, какие вопросы нуждаются в обсуждении. Это могло бы стать частью общей стратегии программы безопасности, основанной на сотрудничестве.

В дальнейшей модернизации нуждается Венский документ о мерах укрепления доверия и безопасности. В частности, необходимо пересмотреть пороговые значения для уведомления о военных учениях и проведения инспекций, ограничить развертывание сил и военной техники вблизи границ и минимизировать риски, связанные с проведением внезапных проверок боевой готовности. Следует согласовать меры по предотвращению инцидентов на море и в воздухе. Необходимо создать возможности для поддержания контактов между военными, в частности, для обсуждения военных доктрин, размещения военных сил, восприятия угроз и влияния новых технологий и систем вооружений.

Как и в 1980-е гг., ОБСЕ могла бы стать площадкой для переговоров по соглашениям о контроле над вооружениями. Она могла бы также стать форумом для обсуждения гарантий безопасности, в частности, для стран, расположенных «между Россией и Западом» (особенно для тех стран, на территории которых все еще размещены российские войска), а также для России в отношениях с НАТО.

Повестка дня в области безопасности, основанной на сотрудничестве, могла бы также включать обсуждение интерпретации основополагающих принципов поддержания мира и безопасности в Европе в современных условиях. Как предложил действующий Председатель ОБСЕ, министр иностранных дел Польши Рау, государствам—участникам ОБСЕ следует обсудить современное понимание этих принципов и меры по более эффективному претворению в жизнь принятых в рамках ОБСЕ принципов и обязательств[18].

Другие вопросы, которые могут быть рассмотрены в рамках диалога по европейской безопасности, включают принятие юридически обязывающего Устава ОБСЕ, пересмотр порядка ежегодной смены председателей, укрепление механизмов мирного урегулирования споров, реформирование процесса рассмотрения выполнения обязательств в области «человеческого измерения», влияние современных технологий на обеспечение прав человека и СМИ, а также пересмотр правил процедуры для того, чтобы не допускать возникновения тупиковых ситуаций из-за отсутствия консенсуса. Государства-участники должны также определить вопросы, требующие сотрудничества, но не предусмотренные учредительными документами ОБСЕ, такие как трансграничная организованная преступность, терроризм, влияние климатических изменений на безопасность, безопасность в киберпространстве и миграция. Как минимум, стратегия должна заключаться в сохранении как можно большей части нормативной базы ОБСЕ.

К сожалению, группа обеспечения стратегической политики была свернута, и вместо нее не было создано подобное подразделение. «Тройка» сосредоточена на повседневных делах и поддержании ОБСЕ на плаву, тогда как большинство государств-участников не желают обсуждать вопросы будущего сотрудничества, а Россия продолжает боевые действия в Украине. Так откуда же возьмется стратегия?

В краткосрочной перспективе представляется целесообразным неофициальное обсуждение идей в формате «трека 1,5» с участием внешних экспертов и заинтересованной группы «государств—друзей ОБСЕ». Это даст государствам-участникам (и «тройке») возможность в какой-то мере отстраниться от обсуждения вопросов, по которым консенсус невозможен, и от обсуждений с участием не всех 57 государств. Но в конечном итоге решения должны будут принимать все государства-участники. Поэтому при поддержке секретариата им следует по крайней мере использовать неофициальные платформы для диалога, чтобы обдумывать и планировать будущее.

Очевидно, что стратегия, какой бы она ни была, будет зависеть от исхода войны. Даже те, кто считают, что говорить о будущем европейской безопасности еще рано, должны признать, что было бы полезно иметь в столе какие-то идеи на тот момент, когда придет время выстраивать новую архитектуру безопасности. Стоит напомнить, что планирование новой международной организации, которая впоследствии стала Организацией Объединенных Наций, началось в мрачные дни Второй мировой войны, еще в 1943 г.[19]

Одним словом, сейчас пришло время для стратегического мышления. СБСЕ было создано для укрепления безопасности и сотрудничества. Во времена «холодной войны» не было необходимости в сотрудничестве для того, чтобы начать обсуждать, как повысить безопасность. ОБСЕ не может ждать, пока стабильность вернется в Европу, она должна работать над этим. Не имея стратегии, ОБСЕ оказалась еще дальше от реализации концепции сообщества безопасности, о которой шла речь на саммите в Астане. Пришло время для разработки плана.

## Примечания

1 A National Security Strategy Primer / S. Heffington, A. Oler, D. Tretler (eds.). – Washington, DC: National Defense University Press, 2019. P. 1. URL: https://nwc.ndu.edu/Portals/71/Documents/Publications/NWC-Primer-FINAL_for%20Web.pdf?ver=HOH30gam-KOdUOM2RFoHRA%3D%3D.

2 Совещание по безопасности и сотрудничеству в Европе. Заключительный акт. – Хельсинки, 1975. С. 3. URL: https://www.osce.org/files/f/documents/0/c/39505_1.pdf.

3 Парижская Хартия для Новой Европы. – Париж, 1990. С. 18. URL: https://www.osce.org/files/f/documents/3/4/39520.pdf.

4 Выступление и дискуссия на Мюнхенской конференции по вопросам политики безопасности. Мюнхен, 10 февраля 2007 // Президент России. URL: http://kremlin.ru/events/president/transcripts/24034.

5 Восстановление доверия: процесс Корфу // Официальный сайт ОБСЕ. 1 декабря 2010. URL: https://www.osce.org/ru/mc/87587.

6 ОБСЕ. Астанинская юбилейная декларация. SUM.DOC/1/10/Corr.1* Астана, 3 декабря 2010. URL: https://www.osce.org/files/f/documents/d/8/74990.pdf.

7 Решение № 3/12. Процесс «Хельсинки плюс 40» в ОБСЕ. Девятнадцатая встреча Совета министров ОБСЕ. Дублин, 7 декабря 2012 г. Документ MC.DEC/3/12 // Официальный сайт ОБСЕ. URL: https://www.osce.org/files/f/documents/f/2/98313.pdf.

8 От Лиссабона до Гамбурга: декларация о 20-й годовщине принятия Концептуальной базы ОБСЕ для контроля над вооружениями. Двадцать третья встреча Совета министров ОБСЕ. Гамбург, 9 декабря 2016 г. Документ MC.DOC/4/16/Corr.1. // Официальный сайт ОБСЕ. URL: https://www.osce.org/files/f/documents/8/1/290656.pdf.

9 Greminger T. Strengthening Cooperative Security in Difficult Times: Three Years as Secretary General of the OSCE (2017–2020) – a Critical Appraisal // Multilateralism in Transition: Challenges and Opportunities for the OSCE / S.J.A. Mason, L. Watanabe (eds.). – Zürich: Center for Security Studies [CSS], ETH Zürich, 2021. P. 22–84; Гремингер Т. Повышение эффективности ОБСЕ: практические рекомендации бывшего Генерального секретаря // ОБСЕ Insights 1/2021 – Баден-Баден: Номос, 2022. – URL: https://doi.org/10.5771/9783748911463-01.

10 Решение № 15/04. Роль Генерального секретаря ОБСЕ // ОБСЕ. Двенадцатая встреча Совета министров, 6–7 декабря 2004 года. С. 60. URL: https://www.osce.org/files/f/documents/7/7/41817.pdf.

11 Группу возглавлял автор настоящей статьи, Уолтер Кемп (Канада).

12 Freedman L. Strategy: A History. – Oxford: Oxford University Press, 2013. P. xi.

13 Statement by Miroslav Lajčák, OSCE Chairperson-in-Office and Minister for Foreign and European Affairs of Slovakia. Bratislava, 20 December 2019 // Официальный сайт ОБСЕ. URL: https://www.osce.org/chairmanship/442771.

14 Restoring European Security: From Managing Relations to Principled Cooperation / W. Kemp, R. Krumm (eds.). – [Vienna], Friedrich-Ebert-Stiftung in cooperation with GLOBSEC, 2021. URL: https://library.fes.de/pdf-files/bueros/wien/17733.pdf.

15 Ibid. P. 8.

16 Стратегические концепции // Официальный сайт НАТО. 19 июля 2022. URL: https://www.nato.int/cps/en/natohq/topics_56626.htm?selectedLocale=ru.

17 Freedman L. Op. cit. P. ix.

18 Minister Zbigniew Rau inaugurates Renewed OSCE European Security Dialogue in Vienna // Government of Poland. 8 February 2022. URL: https://www.gov.pl/web/osce/minister-zbigniew-rau-inaugurates-renewed-osce-european-security-dialogue-in-vienna.

19 Schlesinger S.C. Act of Creation: The Founding of the United Nations. – Cambridge, MA: Westview Press, 2003.

# ОБСЕ в кризисе: пять уроков Лиги Наций

*Метте Эйлструп-Санджованни*[*]

*Аннотация*

После российского вторжения в Украину в феврале 2022 г. остро встал вопрос о выживании ОБСЕ. Однако война в Украине – не единственный кризис, в котором оказалась ОБСЕ. Организация уже давно находится в институциональном тупике, сталкивается с бойкотом со стороны государств, сокращением бюджета, нарастающим конфликтом между великими державами и растущим противодействием со стороны националистических и популистских лидеров. В этой связи встает вопрос: как ОБСЕ может ответить на такие вызовы и повысить свою устойчивость? В статье кризисы, с которыми в свое время столкнулась Лига Наций, анализируются с точки зрения того, какие уроки можно извлечь из институциональных «стратегий выживания» той эпохи для современности. Хотя в конечном итоге Лига Наций была распущена, многие созданные в ее рамках институты сохранились в системе Организации Объединенных Наций. В статье сформулированы рекомендации о том, как можно использовать уроки Лиги Нацией для повышения устойчивости ОБСЕ.

*Ключевые слова*

Украинский конфликт, институциональное выживание, межвоенный период, Лига Наций

Для цитирования этой публикации: Эйлструп-Санджованни М. ОБСЕ в кризисе: пять уроков Лиги Наций / К. Фризендорф, А. Картсонаки (отв. ред.) // ОБСЕ Insights 3/2022 – Баден-Баден: Номос, 2023. URL: https://doi.org/10.5771/9783748936770-03

## Введение

С начала 2000-х гг. сторонники ОБСЕ ломают голову над тем, как организация может способствовать урегулированию конфликтов на территории бывшего Советского Союза и деэскалации растущей напряженности в отношениях между Россией и Западом. В последнее время этот вопрос приобрел острую форму: как ОБСЕ может выжить в условиях полномасштабной войны между двумя ее государствами-участниками? Как организация может пережить нарастающую враждебность со стороны государств и внести вклад в будущий европейский диалог по вопросам безопасности и укрепления доверия?

* Кембриджский университет, mer29@cam.ac.uk.

В литературе по международным отношениям рассматривается, как совместное участие в международных организациях (МО) может уменьшить опасность войны между государствами, но меньше внимания уделяется тому, как МО могут пережить вооруженные конфликты между их членами. Если обратиться к историческим примерам, шансы ОБСЕ на выживание невелики. Исследования устойчивости МО на протяжении последних двух столетий показали, что у организаций, занимающихся вопросами безопасности, самые низкие показатели выживаемости. Причем максимальных показателей гибель таких организаций достигает во время войн или экономических кризисов[1]. Великая Депрессия и мировые войны привели к расформированию большинства существовавших в то время международных организаций, занимавшихся вопросами безопасности[2]. В истории также можно найти примеры прекращения деятельности МО в результате вооруженного конфликта между парами их государств-членов. Так, деятельность Банка развития государств Великих озер была прекращена после вторжения Руанды в Заир[3] в 1996 г. с целью разгромить повстанческие группировки, укрывавшиеся там после гражданской войны в Руанде 1994 г. Считается также, что именно вторжение Италии в Эфиопию в 1935 г. подорвало основы Лиги Наций, хотя ее основы пошатнулись еще раньше вследствие неудачных попыток пресечь агрессивные действия государств. Если эти исторические примеры говорят о чем-либо, то перспективы ОБСЕ безрадостны.

Война в Украине – далеко не единственный кризис, с которым сталкивается ОБСЕ. Институциональный тупик, бойкот со стороны ряда государств, сокращение бюджета, обострение конфликта великих держав и растущая конкуренция со стороны националистических и популистских лидеров – все это создает для ОБСЕ острые проблемы. Как организация может ответить на эти вызовы, чтобы повысить свою устойчивость? В поисках ответа на этот вопрос полезно разобраться в том, как экономические кризисы, конфликты великих держав и националистический популизм влияли на деятельность международных организаций в прошлом. Последний период гипернационализма, деглобализации и отката от демократии начался в конце 1920-х гг. и продолжался до окончания Второй мировой войны. Усилился протекционизм, в Европе и за ее пределами распространился авторитарный популизм, и великие державы, и малые государства отвернулись от Лиги Наций и других многосторонних организаций, сосредоточились на двусторонней дипломатии и достижении ситуативных соглашений[4]. Многие МО в этот период прекратили свою деятельность или прошли через период сокращения их состава и мандатов. Однако другие, в том числе многие организации, созданные под эгидой Лиги Наций, выжили и расширили свою деятельность.

В данной статье рассматривается «внутренняя кухня» Лиги Наций и других МО в межвоенный период и ставится вопрос о том, можно ли из применявшихся ими «стратегий выживания» извлечь какие-то уроки для ОБСЕ. Наш анализ основывается на недавно опубликованных архивных документах Лиги Наций и более ранних исследованиях. Архивы международных организаций содержат официальные документы (материалы конференций, тексты выступлений, рабочие документы, официальные отчеты, договоры, соглашения) и оперативную информацию, такую как предназначенные для внутреннего пользования информационные и аналитические справки, документы, бюджеты, кадровые отчеты и переписка руководящего состава. Эти источники дают важнейшее представление о целях, интересах и оценках проблем, с которыми МО сталкивались во время геополитических кризисов, и позволяют провести углубленный и детальный анализ того, как в международных организациях воспринимались конфликты между государствами-членами, как они пытались урегулировать эти конфликты и как сопротивлялись попыткам ограничить их полномочия.

Обращение к истории Лиги Наций для извлечения уроков относительно устойчивости МО может показаться неортодоксальным. Лига долгое время считалась неудавшимся экспериментом в области международного сотрудничества. Однако в последнее время историки-международники и исследователи международных отношений начали переоценивать наследие Лиги, указывая на то, что важные элементы ее институциональной структуры сохранились в ООН[5]. Исследователи анализируют, каким образом Секретариат и сотрудники на протяжении двадцати пяти лет направляли деятельность Лиги Наций, детально рассматривают, как ее центральные институты в сотрудничестве с поддерживавшими Лигу государствами и транснациональными акторами (с разной степенью успеха) реагировали на распри между членами организации, денонсацию договоров, сокращение бюджета и популистскую реакцию. Хотя в итоге Лига Наций была распущена, эти отдельные битвы за выживание могут поведать многое о том, как МО преодолевают трудности. В конечном счете мы можем учиться как на успехах, так и на неудачах. Далее в статье рассмотрены различные аспекты кризиса, с которым столкнулись Лига Наций и другие МО в межвоенный период, а в заключении сделаны выводы относительно того, что из этого опыта может пригодиться современной ОБСЕ.

## Бюджетный кризис

Серьезная проблема, стоящая перед ОБСЕ, – постоянное сокращение ее годового бюджета (в реальном выражении)[6]. В этом отношении ОБСЕ имеет много общего с Лигой Наций. Лига начала свою деятельность в 1920 г. в период значительных экономических трудностей и негативного отношения государств к «расточительным» международным организациям в условиях бедственного положения, вызванного войной. С 1922 по 1926 г. бюджет Лиги Наций вырос всего на 5%, в то время как штат сотрудников – на 27%[7]. В целях экономии средств не поощрялись командировки, издавались не все документы и протоколы[8].

Однако экономии на мелочах было далеко недостаточно для того, чтобы сбалансировать бюджет. Лиге Наций нужно было найти другие способы решения стоявших перед ней задач. Поскольку основными задачами Секретариата были сбор и распространение информации, а также подготовка рекомендаций и экспертных отчетов, Лига Наций договорилась с правительствами отдельных стран и другими международными организациями о сборе и распространении их аналитических материалов и статистических данных, что позволило снизить ее собственные операционные расходы[9]. Другим способом экономии было привлечение частных структур. С 1922 г. американский Фонд Рокфеллера выделил ряд грантов для Организации здравоохранения Лиги Наций. В 1930-е гг. их размер составлял около полумиллиона швейцарских франков в год[10]. С 1933 по 1942 г. Фонд Рокфеллера также финансировал исследования службы экономического анализа Секретариата по борьбе с экономической депрессией, закрывая примерно треть ее бюджета в пиковый период[11]. Аналогичным образом масштабные расследования Лиги Наций по торговле женщинами и детьми финансировались американским Бюро социальной гигиены[12].

Помимо частных фондов значительную поддержку учреждениям Лиги оказывали рабочее движение и движение за мир. В 1920-е и 1930-е гг. активисты женского движения за мир, профсоюзы и ученые выступали на международных конференциях против войны и империализма. Национальные общества содействия Лиге Наций и неправительственные организации (НПО) проводили кампании в поддержку ратификации Статута Постоянной палаты международного правосудия и поддерживали техническую, экономическую, социальную и гуманитарную деятельность Лиги[13]. Для укрепления этих связей сотрудники Секретариата часто посещали мероприятия международных НПО и способствовали доступу последних не только к Секретариату, но и к работе Совета и Ассамблеи Лиги Наций[14].

Партнерство с негосударственными структурами преследовало несколько целей. Во-первых, в условиях жестких бюджетных ограничений НПО и группы гражданского общества предоставили в распоряжение Лиги свои опыт, знания и средства. В более широком плане была надежда на то, что участие гражданского общества и НПО расширит общественную поддержку и приблизит Лигу Наций к общественности. Расчет был также на то, что представители гражданского общества смогут разобраться в претензиях и политике государств в отношении Лиги, тем самым упреждая мобилизацию направленных против нее настроений, целью которой было сделать Лигу Наций козлом отпущения. Это должно было позволить гражданам объективнее оценить политические претензии. Например, Лига назначила «асессоров» от НПО в свои комиссии и комитеты по средствам сообщения и транзиту, социальным вопросам, просвещению, торговле женщинами и по делам беженцев[15]. Наконец, выстраивая отношения с субнациональными и транснациональными акторами, институты Лиги стремились расширить базу их политической и материальной поддержки со стороны не только государств, но и политических деятелей в различных странах.

ОБСЕ может извлечь уроки из этого опыта. На протяжении последнего десятилетия оперативный потенциал организации неуклонно снижался из-за сокращения прикомандированного персонала и финансовой поддержки. Ожидать, что в нынешних условиях государства-участники увеличат свои финансовые взносы, означало бы выдавать желаемое за действительное. Вместо этого ОБСЕ могла бы использовать стратегию Лиги Наций, заключавшуюся в выстраивании стратегических партнерств с субнациональными, транснациональными и наднациональными субъектами, включая муниципальные органы власти, НПО, частные фонды и бизнес, а также международные организации, которые опираются на аналогичные профессиональные сообщества и обладают необходимыми материальными ресурсами. ОБСЕ могла бы использовать их возможности для восполнения дефицита собственного оперативного потенциала[16]. Взаимодействие с субгосударственными и транснациональными акторами одновременно и увеличивало доступные Лиге Наций ресурсы, и помогало повысить ее легитимность в глазах общественности благодаря одобрению, которое ее деятельность получала в профессиональных сообществах, тем самым парируя критику со стороны государств и позволяя оказывать влияние на политику последних «изнутри». В некоторых случаях транснациональные альянсы также способствовали ослаблению жесткого контроля за деятельностью Лиги со стороны государств, дополняя или замещая выделявшиеся государствами финансовые ресурсы частными средствами и экспертными знаниями.

## Минимизация вреда: конфликт великих держав и институциональное отступление

В условиях нарастания национализма и конфликта великих держав, у Лиги Наций было трудное начало, особенно тогда, когда речь шла о налаживании сотрудничества по вопросам, которые, как считалось, влекли за собой большие уступки суверенитета. Так, в сентябре 1919 г. была подписана Конвенция о надзоре за международной торговлей вооружением и боеприпасами, но она так и не вступила в силу, поскольку Франция отказалась ее ратифицировать[17]. В 1924 г. правительствами был отклонен проект Договора об оказании взаимной помощи, который ставил агрессивные войны вне закона. Женевский протокол 1924 г., учреждавший систему обязательного арбитража, также не вступил в силу, поскольку его отказалась подписать Великобритания[18].

Учитывая неоднократные неудачные попытки сотрудничества в области разоружения и растущую политическую напряженность, бюро секции разоружения и Секретариат Лиги Наций избрали стратегию «прятаться и отступать». В период с 1930 по 1934 г. Секретариат тщательно избегал выносить на рассмотрение Совета предложения, которые, по его мнению, были обречены на провал. Заседания Генеральной комиссии и секции разоружения неоднократно отменялись или откладывались, так как руководящие сотрудники считали, что лучше не созывать комитеты Лиги по разоружению, чем позволить заседаниям превратиться в трибуну для публичной демонстрации взаимной враждебности и «мегафонной дипломатии»[19]. После вторжения Италии в Эфиопию в 1935 г. сэр Драммонд рассуждал следующим образом: «если Лига успешно пройдет суровое итало-эфиопское испытание, перспективы для конвенции по регулированию вооружений будут блестящими. Если же нет, то весь подход должен быть пересмотрен... В любом случае, чем меньше до следующего года будут говорить о разоружении, тем лучше»[20].

Мораторий на проведение конференций высокого уровня, однако, не означал отказ от дипломатии в области разоружения. Вместо созыва полноценных межправительственных конференций Секретариат направил свои усилия на организацию встреч между небольшими группами государств-единомышленников с целью формирования консенсуса по ограниченному кругу практических вопросов. Он также начал собирать и анализировать данные о национальных вооружениях. Предполагалось, что широкое распространение этих данных поможет оказать общественное давление на правительства и послужит отправной точкой для будущих переговоров по контролю над вооружениями. Эта надежда так и не оправдалась, но если бы правительства проявили готовность обсуждать вопросы разоружения, Лига имела бы в своем распоряжении обширные данные в качестве основы для переговоров.

Аналогичным образом дело обстояло в сфере торгового сотрудничества. В условиях усилившегося после краха на Уолл-стрит в 1929 г. экономического национализма провалилась серия межправительственных торговых конференций[21]. Не имея возможности влиять на политические аспекты торговли, такие как тарифы и таможенная политика, экономические подразделения Лиги Наций отказались от планов проведения дальнейших торговых конференций. Вместо этого усилия старших должностных лиц Секретариата были направлены на совершенствование механизма экономической дипломатии. Комитет по экономическим вопросам сосредоточился на решении правовых и административных проблем, представлявших собой косвенные барьеры в торговле, таких как, например, коммерческий арбитраж, упрощение таможенных формальностей, стандартизация статистических методов и таможенной терминологии[22]. Была расширена деятельность по проведению исследований и публикации экономических данных. В 1931 г. Секретариат опубликовал доклад «Развитие и фазы мировой экономической депрессии». Учитывая опасность того, что государствам могут не понравиться какие-то выводы, имеющие политическую окраску, директор секции экономики, финансов и транзита Александр Лавдей рекомендовал посвятить аналитическую часть доклада «установлению фактов, ... поскольку в конечном счете выводы будут говорить сами за себя»[23]. Одним словом, чтобы не настраивать против себя государства, экономическая секция придерживалась тактики «нейтральных» исследований, предоставляя делать непопулярные выводы внешним экспертам.

Стратегия «прятаться и отступать» была очевидной для учреждений Лиги Наций, занимавшихся политически щекотливыми вопросами вооружений и торговли. Но и в меньшей мере занимавшиеся политикой международные организации маневрировали в условиях нарастания националистических настроений аналогичным образом. Так, с момента своего учреждения в 1929 г. до начала войны Международное бюро просвещения (МБП), несмотря на ограниченный бюджет и штат, проявляло высокую активность[24]. Начатое в 1934 г. «педагогическое мировое турне» МБП, в ходе которого собирались данные о национальных образовательных реформах и готовились соответствующие рекомендации, охватило более семидесяти стран и стало важнейшим ресурсом для реформаторов систем национального образования. Во время Второй мировой войны секретариат МБП в сотрудничестве с Международным Комитетом Красного Креста создал Службу интеллектуальной помощи военнопленным, обеспечивавшую их книгами. Благодаря широкому резонансу этой деятельности количество членов МБП в Европе и Латинской Америке выросло с 12 в 1929 г. до 20 к концу войны. Несомненно, решающим фактором устойчивости МБП был неполитический, технический характер его деятельности, позволявший ему держаться в стороне от политических распрей. Уход от политических вопросов был осознанным выбором. Многие правительства с подозрением относились к международному вмешательству в их внутренние дела и к западным концепциям, которые, как они считали, лежали в основе глобальной повестки дня в области образования. Чтобы минимизировать политические разногласия, МБП «постоянно избегало какого-либо вмешательства в свободу выбора партнерами системы образования»[25]. Вместо того чтобы настаивать на стандартизации национальных подходов, Бюро стремилось содействовать всеобщему образованию, не вмешиваясь в «местные приоритеты» и оставляя реализацию конкретных рекомендаций на усмотрение местных властей и НПО. МБП существует по сей день в качестве специализированного института ЮНЕСКО (МБП–ЮНЕСКО).

В чем в этой связи могут заключаться возможные уроки для ОБСЕ? В последние десятилетия контроль над вооружениями и разоружение – центральные пункты повестки дня ОБСЕ – сталкиваются с все большими проблемами, поскольку США и Россия вышли из основных договоров по контролю над вооружениями[26]. По этой причине многие выступают за возрождение переговоров по разоружению и повышение роли ОБСЕ в верификации мер контроля над вооружениями[27]. Однако попытки обновить Венский документ 2011 г. о мерах укрепления доверия и безопасности или возобновить обсуждение контроля над обычными вооружениями в рамках структурированного диалога (инициированного Германией, председательствовавшей в ОБСЕ в 2016 г.) или группы стран-единомышленников в берлинском формате в современных условиях скорее всего окажутся бесплодными[28].

Точно так же обстоит дело с инициативами в области прав человека. По мере ухудшения отношений между Россией и Западом дискуссии о правах человека переросли в идеологическую конфронтацию, что привело к блокированию деятельности институтов ОБСЕ[29]. В условиях такого противодействия представляется контрпродуктивным выдвигать новые инициативы или пытаться продвигать прежние. Сегодня государства—участники ОБСЕ не поставили бы свои подписи под хельсинкским Заключительным актом и парижской Хартией, точно так же как в 1935 г. государства не поставили бы свои подписи и под Уставом Лиги Наций. Поэтому настаивать на их соблюдении в нынешних условиях бесполезно. Пока согласие остается недостижимым, государства должны стремиться к укреплению доверия, участвуя в конкретных проектах ОБСЕ по повышению транспарентности или формируя коалиции стран, готовых участвовать в осуществлении конкретных проектов. Осуществляемые в малых форматах меры, возможно, не дадут больших результатов в краткосрочной перспективе, но все равно будут более продуктивными в нынешних условиях, чем попытки продвигать амбициозные решения, относительно которых не может быть достигнуто согласие.

## Гибкий мандат

К 1934 г. межправительственная деятельность Лиги Наций в основном прекратилась. Если бы ее мандат ограничивался только сотрудничеством в сферах безопасности и торговли, ее деятельность прекратилась бы полностью. Однако широкий мандат, основанный на комплексном подходе к безопасности, позволил институтам Лиги продолжать деятельность в других областях, таких как транспорт, преодоление безграмотности, питание и санитария. Важным направлением деятельности социальных и экономических институтов Лиги во второй половине 1930-х гг. было создание общего фронта борьбы с бедностью и болезнями, становившимися причинами конфликтов[30]. Государства и широкая общественность относились к данной деятельности более благожелательно, чем к вызывавшим споры вопросам торговли и разоружения.

Налаживание сотрудничества по социальным вопросам и широкому кругу проблем предотвращения конфликтов позволило Лиге обрести сторонников не только в ее ключевых государствах-членах. В 1937 г. на Яве были проведены две конференции – по борьбе с торговлей женщинами и сельской гигиене. В июне 1936 г. Организация здравоохранения Лиги Наций (ОЗЛН) провела сессию в Москве. Это было единственное учреждение Лиги, которое когда-либо собиралось там[31]. Контакты между советскими органами здравоохранения и ОЗЛН открывали идеальную возможность для налаживания практических связей в неполитической сфере. После опустошительных гражданской войны, голода и болезней советские учреждения здравоохранения испытывали серьезную нагрузку. Поэтому несмотря на широко распространенный страх и недоверие в отношениях между Россией и западными странами была учреждена специальная комиссия для изучения сыпного тифа в России[32]. К 1935 г. сотрудничество по изучению инфекционных заболеваний и в сфере науки помогло проложить путь к вступлению России в Лигу Наций[33].

По мере усиления геополитического конфликта в Европе в работе институтов Лиги происходили изменения. Вместо того чтобы пытаться достичь согласия по являвшимся предметом глубоких разногласий вопросам торговли и военной безопасности они сосредоточились на вопросах, по которым можно было найти точки соприкосновения[34]. В то же время они использовали свой широкий мандат для того, чтобы адаптировать свою деятельность к потребностям стран за пределами Европы, тем самым расширяя политическую поддержку и покровительство[35]. Эта стратегия оказалась особенно успешной для Организации здравоохранения Лиги Наций. Несмотря на финансовые ограничения, наложенные Ассамблеей, щедрость частных спонсоров позволила ОЗЛН постоянно расширять свою деятельность. Уже на раннем этапе она стала заниматься не только вопросами эпидемиологии в Восточной Европе, но и проблемами здравоохранения в Азии и Африке. Неправительственные организации, ведущие научные институты и ученые разных стран мира безвозмездно предоставляли ей свои знания и время, что расширило ее независимость от государств и помогло остаться в стороне от конфликта великих держав[36]. В 1945 г. ОЗЛН была не расформирована, а преобразована во Всемирную организацию здравоохранения.

Хотя ОБСЕ, безусловно, существенно отличается от ОЗЛН, тем не менее, эта история успеха может послужить для нее примером. ОБСЕ, на которую возложен широкий спектр задач – от борьбы с торговлей людьми, радикализацией и терроризмом до развития экономической взаимосвязанности и накопления научных знаний по вопросам климата, – имеет все возможности для снижения угроз своему существованию путем расширения деятельности и, соответственно, повышения своей привлекательности для различных государств. В то время как государственное финансирование в обозримом будущем, вероятно, будет скудным, партнерство с негосударственными организациями может помочь увеличить доступные ОБСЕ финансовые и технические ресурсы, сократив тем самым ее зависимость от государств. Со своей стороны, многие НПО, вероятно, охотно воспользуются тем политическим доступом и дополнительной легитимностью, которые им может дать сотрудничество с межправительственной организацией.

## Использование институциональной насыщенности

Проблема ОБСЕ, с которой Лига Наций не сталкивалась в такой же мере, – конкуренция со стороны других международных организаций. Несмотря на укрепление ОБСЕ с принятием парижской Хартии 1990 г., западные государства отдавали предпочтение сотрудничеству в рамках НАТО и ЕС, тогда как Россия поддерживала формирование альтернативных региональных организаций, которые занимались различными аспектами коллективной безопасности, экономической и политической стабильности, включая Содружество независимых государств (СНГ), Организацию Договора о коллективной безопасности (ОДКБ), Шанхайскую организацию сотрудничества (ШОС) и Евразийский экономический союз (ЕАЭС). Наряду с частичным совпадением с направлениями деятельности ОБСЕ мандатами и деятельностью таких учреждений ООН, как Программа развития ООН (ПРООН), Европейская экономическая комиссия ООН (ЕЭК ООН) и Управление ООН по наркотикам и преступности (УНП ООН), это способствовало увеличению числа отчасти дублирующих деятельность друг друга и потенциально конкурирующих организаций на пространстве ОБСЕ. Исторически институциональное дублирование иногда способствовало гибели организаций, если конкуренция за ограниченные ресурсы приводила к упадку некоторых МО[37]. Однако у институционального дублирования может быть и положительная сторона, если между международными организациями будет достигнут такой уровень специализации и разделения труда, который не позволит государствам использовать одни организации в ущерб другим[38]. В таком случае координация и сотрудничество между МО могут повысить эффективность затрат для государств, в то же время усиливая заинтересованность потенциально конкурирующих МО в процветании других организаций.

В последние годы ЕС был основным донором деятельности ОБСЕ в тех областях, в которых интересы двух организаций совпадают. Таких областей немало, в том числе – надлежащее управление и борьба с организованной преступностью и коррупцией. Тем не менее, учитывая враждебное отношение России к ЕС, к ОБСЕ нельзя относиться просто как к инструменту обеспечения интересов безопасности ЕС. Организация должна сформулировать свою собственную повестку дня[39]. Помимо сотрудничества с ЕС ОБСЕ могла бы воспользоваться преимуществами от углубления сотрудничества с соответствующими учреждениями ООН, такими как УНП, ПРООН и Управление Верховного комиссара ООН по делам беженцев[40]. Важное значение будет иметь сотрудничество с региональными организациями, такими как СНГ, ОДКБ и ЕАЭС. Некоторых может беспокоить то, что сотрудничеству с ними препятствуют различия в ценностях, которым привержены эти организации. Однако, как отмечает бывший Генеральный секретарь ОБСЕ Томас Гремингер, в интересах поддержания политического и географического баланса крайне важно развивать сотрудничество с организациями как к востоку, так и к западу от Вены. Например, с ШОС можно найти точки соприкосновения в борьбе с насильственным экстремизмом и терроризмом в Центральной Азии[41].

Международные организации могут выживать и процветать в переполненном институциональном пространстве либо путем освоения нишевых функций и компетенций, что делало бы их уникальными в сравнении с другими МО, либо выступая в качестве координатора, организатора, наводящего мосты между другими МО или между международными и национальными организациями. ОБСЕ имеет все возможности для того, чтобы делать и то, и другое. Например, в сфере противодействия насильственному экстремизму ОБСЕ обладает компетенциями, отличающими ее от других МО. Учитывая ее обширный опыт работы на местах, ОБСЕ, как правило легче установить контакт с местными НПО и муниципальными властями, чем НАТО или ЕС. У ОБСЕ также больше шансов быть принятой в качестве нейтрального посредника или наблюдателя на местах. Наконец, ОБСЕ «фокусируется на продвижении комплексного подхода к безопасности в киберпространстве, особенно в Центральной Азии, где слабо представлены НАТО и ЕС»[42]. С учетом широкого круга участников, среди которых члены НАТО, ЕС, ШОС и ОДКБ, преимуществом ОБСЕ является возможность как для организации совместного обсуждения проблем на общей площадке, так и для координации деятельности различных организаций.

## Выводы и рекомендации

К использованию уроков 1930-х гг. в современных условиях и при сравнении ОБСЕ с «многоцелевыми» МО, такими как Лига Наций, следует подходить очень осторожно. Тем не менее, у этих двух организаций много общего – прежде всего, их всеобъемлющий подход к безопасности на основе сотрудничества и широкий состав участников, среди которых государства с глубокими политическими и идеологическими разногласиями. Более того, стоящие сегодня перед ОБСЕ вызовы напоминают те, которые привели к краху Лиги Наций. Как и Лига в 1920–1930-е гг., ОБСЕ осуществляет свою деятельность в условиях экономической нестабильности и жесткой экономии. Обе организации стали свидетелями того, как политические конфликты между их участниками поставили под вопрос основополагающие принципы обеих организаций. Подобно тому как Италия, Япония и Германия нарушили положения о коллективной безопасности Устава Лиги Наций, мы стали свидетелями грубых нарушений учредительных документов ОБСЕ, включая бомбардировки НАТО Союзной Республики Югославия в 1999 г., войну Путина в Чечне в том же году, войну России в Грузии в 2008 г., аннексию Крыма в 2014 г. и вооруженную агрессию против Украины в 2014 и 2022 гг.

Учитывая масштабы этих вызовов, очевидно, что ОБСЕ необходим рецепт выживания как в условиях современного кризиса, вызванного войной в Украине, так и в условиях более широкого наступления на ее авторитет и сокращения ресурсов. Что можно сделать? Оглядываясь на события 1930-х гг., многие обвиняют Лигу Наций в том, что она мало сделала для претворения в жизнь положений Устава о коллективной безопасности, которые предусматривали автоматическое применение санкций и военных мер для защиты территориального статус-кво[43]. Сегодня раздаются призывы к более жестким дипломатическим санкциям против России, а Украина требует исключения ее из ОБСЕ[44]. Однако такая стратегия сопряжена с высокими рисками, тогда как ее эффективность не очевидна. Когда члены Лиги Наций пригрозили Германии применением экономических и военных санкций, та немедленно вышла из Лиги и объявила о полном перевооружении. Если и дальше загонять Россию в угол, тем скорее она может выйти из ОБСЕ, возможно, увлекая за собой других. Хотя это не обязательно означало бы конец ОБСЕ, но во многом лишило бы организацию смысла ее существования.

С другой стороны, для преодоления нынешних проблем предлагается провести институциональную реформу и, в частности, укрепить независимость Генерального секретаря ОБСЕ и принимать бюджет не на год, а на несколько лет, чтобы не позволять ссорящимся государствам использовать бюджет в качестве «заложника»[45]. Такие реформы пошли бы на пользу ОБСЕ в долгосрочной перспективе, но в краткосрочном плане они не изменят политическую природу современного кризиса. В своей работе об итало-эфиопской войне Байрон Хант отмечал, что международные организации «в равной мере зависят как от общей воли к самосохранению, так и от их полномочий. И если Лига потерпела неудачу там, где ее не потерпела Организация Объединенных Наций, то это произошло из-за отсутствия воли у первой, а не потому, что у второй организации было больше полномочий»[46]. Точно так же нынешний кризис ОБСЕ вызван не столько «конституционными», сколько явно политическими причинами. Институциональная реформа это не исправит.

Если ни исключение государств, нарушающих свои обязательства, ни институциональная реформа не являются адекватными стратегиями выживания, что могут сделать государства-участники для повышения устойчивости ОБСЕ? Наш анализ позволяет предложить пять конкретных стратегий использования институциональных преимуществ ОБСЕ:

1. *Сокращение и диверсификация.* Основанная на консенсусе организация, такая как ОБСЕ (или Лига Наций), не может представлять собой нечто (намного) большее, чем совокупная воля ее государств-участников. По этой причине основным преимуществом ОБСЕ может стать ее широкий мандат, который обеспечивает гибкость и позволяет сосредоточиться на задачах, в отношении которых можно найти определенное согласие. Для того чтобы снизить напряженность, ОБСЕ следует проявлять сдержанность, ей не следует (на данном этапе) выдвигать на передний план вызывающие наибольшие разногласия вопросы, такие как права человека или разоружение. Вместо этого ей следует использовать свой гибкий мандат и сосредоточиться на менее спорных вопросах, таких как противодействие радикализации, борьба с терроризмом, торговлей людьми и организованной преступностью, а также на развитии сотрудничества по «менее политизированным вопросам», таким как экономическая взаимосвязанность, водная дипломатия и последствия изменения климата для международной безопасности. Главным результатом деятельности организации должно стать достижение (основанного на фактах) консенсуса в понимании данных проблем. Это означало бы не отказ от основного мандата ОБСЕ, а ограничение ее деятельности продвижением неформального диалога и формированием консенсуса по соответствующим вопросам в группах более узкого состава, участники которых могли бы выделять внебюджетные средства на реализацию конкретных программ и инициатив. Очевидно, что такая деятельность должна быть тщательно продумана, чтобы не настраивать против ОБСЕ не участвующие в этих инициативах государства. Особенно плодотворной может быть полевая деятельность за пределами

Европы – в Центральной Азии – или деятельность, сосредоточенная на решении относительно бесконфликтных проблем, таких как трансграничная преступность.

2. *Расширение политической поддержки.* История свидетельствует о том, что успех международных организаций зависит от того, насколько широкой является политическая поддержка, на которую они опираются. Явное преимущество ОБСЕ в этом отношении – широкий и неоднородный состав ее участников. Нередко это заводит переговоры в тупик или ограничивает достигаемые договоренности наименьшим общим знаменателем. Однако широкий и неоднородный состав участников означает, что даже если организация лишится активной поддержки или интереса со стороны отдельных государств, она будет по-прежнему востребована другими участниками. В исторической ретроспективе широкий и неоднородный состав участников действительно является сильным предиктором выживаемости МО[47]. Поэтому ОБСЕ следует сосредоточиться на вовлечении в свою деятельность *всех* участников, например, сместив акцент на решение вопросов укрепления безопасности в Центральной Азии.

3. *Расширение базы патронажа.* Большинство международных организаций на протяжении всего времени своего существования опираются на различных спонсоров. Поскольку бюджет ОБСЕ в реальном выражении продолжает сокращаться, ей следует формировать более прочные альянсы с НПО, субнациональными и наднациональными субъектами, разделяющими ее цели и обладающими дополнительными финансовыми и техническими ресурсами, которые могут быть использованы для заполнения критических дефицитов в институциональном и оперативном потенциале организации.

4. *Планирование на перспективу.* ОБСЕ не обладает ни политическим, ни техническим потенциалом для участия в военном урегулировании кризисов. Поэтому сейчас она должна «переждать бурю», отложить политически щекотливые вопросы, такие как продвижение прав человека, контроль над вооружениями или обеспечение нестабильных режимов прекращения огня, и сосредоточиться на тех вопросах, в решении которых она может принести пользу поддерживающим ее государствам. Это не значит, что ОБСЕ следует отвернуться от конфликта в Украине. Должностные лица организации в сотрудничестве с государствами-единомышленниками должны быть готовы к разработке плана действий, если и когда будет достигнуто соглашение о прекращении огня. Это особенно важно, учитывая, что ОБСЕ окружена имеющими бóльшие бюджеты институциональными «конкурентами» – ЕС, ООН, НАТО, – которые тоже будут готовы принять участие в урегулировании. В этих условиях ОБСЕ как крупнейшая в мире организация по безопасности, основанной на сотрудничестве, должна быть готова использовать свое преимущество как универсальной диалоговой площадки для координации усилий других МО.

5. *«План Б»*. Наконец, руководству ОБСЕ следует разработать запасной план действий на случай, если нынешний конфликт не удастся урегулировать. Главный урок истории заключается в том, что необходимое условие выживания – организационная гибкость. Сторонники ОБСЕ должны ответить на вопрос: что останется от организации, если Россия прекратит свое участие в ней. Обладает ли ОБСЕ достаточными институциональными активами, чтобы сохранить востребованность со стороны остальных участников и тем самым обеспечить дальнейший смысл своего существования? В этом случае одним из самых сильных аргументов в пользу продолжения деятельности ОБСЕ может стать необходимость сохранения площадки для диалога между европейскими и (некоторыми) евразийскими государствами, а также целесообразность оставить открытой возможность для возвращения России.

## Примечания

1 Eilstrup-Sangiovanni M. Death of International Organizations: The Organizational Ecology of Intergovernmental Organizations, 1815–2015 // Review of International Organizations. Vol. 15 (2020). № 2. P. 339–370; Eilstrup-Sangiovanni M. What Kills International Organisations? When and Why International Organisations Terminate // European Journal of International Relations. Vol. 27 (2021). № 1. P. 281–310.

2 Например, Администрация Суэцкого канала (расформирована в 1914 г.), Комиссия по репарациям (расформирована в 1933 г.), Межсоюзническая Рейнская высшая комиссия (расформирована в 1934 г.), европейские комиссии по контролю над навигацией на Одере и Эльбе (расформированы в 1936 г.), Европейская Дунайская комиссия (расформирована в 1939 г.), Комитет по невмешательству в дела Испании (расформирован в 1939 г.), Комитет имперской обороны (распущен в 1940 г.) и Лига Наций (распущена в 1946 г.).

3 Современное название: Демократическая Республика Конго.

4 The Network of World Trade: A Companion Volume to “Europe’s Trade”. – Geneva: League of Nations Economic Intelligence Service, 1942. P. 90–91.

5 Cottrell M.P. The League of Nations: Enduring Legacies of the First Experiment at World Organization. – New York: Routledge, 2018; Pedersen S. Back to the League of Nations // American Historical Review. Vol. 112 (2007). № 4. P. 1091–1117.

6 United States Mission to the OSCE. Statement on the Presentation of the 2022 Unified Budget Proposal by the Secretary General. Документ PC.DEL/1590/21. Vienna, October 21, 2021. URL: https://www.osce.org/files/f/documents/8/4/502990.pdf.

7 Walters F.P. A History of the League of Nations. – New York: Oxford University Press, 1952. P. 174. См. также: General Report Adopted by the Assembly on September 27th, 1927 // League of Nations Official Journal. Vol. 9 (1928). № 1. P. i–vii.

8 Walters F.P. Op. cit. P. 133–134.

9 Menzies A.A. Technical Assistance and the League of Nations // The League of Nations in Retrospect: Proceedings of the Symposium Organized by the United Nations Library and the Graduate Institute of International Studies, Geneva, 6–9 November 1980. – Berlin: De Gruyter, 1983. P. 295–312. См. также: Cost, Printing and Distribution of Monthly Bulletin of Statistics, 1921. File R309/10/12065/6408. 1921. United Nations Archives at Geneva.

10 Health Organisation – Rockefeller Foundation – Financial Cooperation 1937, 1937–1938. File R6040/8A/27171/546/. United Nations Archives at Geneva. В современных ценах это соответствует примерно 9–10 млн швейцарских франков.

11 “First Meeting (Private)” // League of Nations Official Journal. Vol. 19 (February 1938). № 2. P. 74–77; Disarmament Conference – Progress Reports of the President of the Conference to the Bureau, 1933–1934. File R4220/7B/10742/596. United Nations Archives at Geneva; Lavelle K. Exit, Voice, and Loyalty in International Organizations: US Involvement in the League of Nations // Review of International Organizations. Vol. 2 (2007). № 4. P. 380.

12 Pedersen S. Op. Cit.

13 Murphy C. International Organization and Industrial Change: Global Governance since 1850. – Cambridge: Polity Press, 1994.

14 Davies T.R. A ‘Great Experiment’ of the League of Nations Era: International Nongovernmental Organizations, Global Governance, and Democracy beyond the State // Global Governance. Vol. 18 (2012). № 4. P. 405–423; Charnovitz S. Learning from Early NGO Activity // Proceedings of the Annual Meeting (American Society of International Law). Vol. 92 (April 1–4 1998). P. 338–341.

15 Davies T. R. Op. cit. P. 409; Zimmern A. The League of Nations and the Rule of Law, 1918–1935. 2nd edition. – London: Macmillan, 1939.

16 Гэлбрейт Д., Хертель А., Вольф С. На пути к более стратегическому партнерству: Укрепление ОБСЕ путем укрепления сотрудничества ЕС и ОБСЕ // ОБСЕ Insights 3/2021. – Баден-Баден: Номос, 2022. URL: https://www.nomos-elibrary.de/10.5771/9783748911463-03/na-puti-k-bolee-strategicheskomu-partnerstvu-ukreplenie-obse-putem-rasshireniya-sotrudnichestva-es-i-obse?page=1; Lall R. Beyond Institutional Design: Explaining the Performance of International Organizations // International Organization. Vol. 71 (2017). № 2. P. 245-280.

17 Traffic in Arms. File R186/8/4407/4407. 7 May 1920. United Nations Archives at Geneva.

18 Record of M. Aghnides’ conversations in London during his Mission to attend Mr Henderson’s Funeral // Disarmament Conference – Correspondence between the Secretariat and the President of the Conference. File R4220/7B/10257/596/Jacket 4. United Nations Archives at Geneva.

19 Memoranda on Disarmament Forwarded by the Foreign Office London, 1934. File R4220/7B/10829/596. United Nations Archives at Geneva; Pedersen S/ Op. cit.

20 Record of M. Aghnides’ conversations in London during his Mission to attend Mr Henderson’s Funeral.

21 Dubin M.D. Toward the Bruce Report: The Economic and Social Programs of the League of Nations in the Avenol Era // The League of Nations in Retrospect. Op. cit. P. 42–72.

22 Loveday A. The Economic and Financial Activities of the League // International Affairs. Vol. 17 (1938). № 6. P. 788–808; Menzies A.A. Op. cit.

23 Lavelle K. Op. cit. P. 379.

24 Rosselló P. Conférence internationale de l’instruction publique, Recommandations 1934–1977. – Geneva: UNESCO-BIE, 1961.

25 Hofstetter R., Schneuwly B. The International Bureau of Education (1925–1968): A Platform for Designing a ‘Chart of World Aspirations for Education’ // European Educational Research Journal. Vol. 12 (2013). № 2. P. 217.

26 Так, Россия вышла из Договора об обычных вооруженных силах в Европе в 2015 г. США и Россия вышли из Договора по открытому небу в 2020 и 2021 гг. соответственно.

27 Schaller B. Strengthening the Role of the OSCE in Times of Increased Tensions and Emerging Crisis Situations: The Untapped Potential in the European Arms Control Framework. – Geneva: Geneva Centre for Security Policy, 2021. URL: https://dam.gcsp.ch/files/doc/strengthening-the-role-of-the-osce-in-times-of-increased-tensions-and-emerging-crisis-situations; Гэлбрейт Д., Хертель А., Вольф С. Указ. соч.; The Presentation of the New OSCE Action Plan in Vienna

Sends a Strong Signal // Swiss Federal Department of Foreign Affairs. January 13, 2022. URL: https://www.eda.admin.ch/eda/en/fdfa/fdfa/aktuell/newsuebersicht/2022/01/aktionsplan-osze-2025.html.

28 В возглавляемой Германией группе стран-единомышленников по контролю над обычными вооружениями участвуют 22 государства, но такие крупные игроки, как США, Канада, Польша, страны Балтии и Норвегия остаются в стороне.

29 Lehne S. Reviving the OSCE: European Security and the Ukraine Crisis. – Brussels: Carnegie Europe, 2015. URL: https://www.jstor.org/stable/resrep12952#metadata_info_tab_contents; Galbreath D. Putting the Colour into Revolutions? The OSCE and Civil Society in the Post-Soviet Region // Journal of Communist Studies and Transition Politics. Vol. 25 (2009). № 2–3. P. 161–180.

30 Walters F.P. Op. cit. P. 575.

31 Plettenberg I. The Soviet Union and the League of Nations // The League of Nations in Retrospect. P. 156.

32 Epidemics in Russia. File R824/12B/15319/15255. 29 August 1921. United Nations Archives at Geneva. См. также: Plettenberg I. Op. cit. P. 156.

33 Plettenberg I. Op. cit.

34 Walters F.P. Op. cit. P. 750.

35 Müller T. Institutional Reforms and the Politics of Inequality Reproduction: The Case of the League of Nations' Council Crisis in 1926 // Global Society. Vol. 34 (2020). № 3. P. 304–317.

36 Health Organisation. File R811-1/12B/921/126. 28 August 1919. United Nations Archives at Geneva; Plague Epidemic. File R815/12B/6646/5568. 28 August 1925. United Nations Archives at Geneva; Establishment of Medical or Sanitary Section under the League of Nations. File R811-1/12B/126/126. 4 July 1919. United Nations Archives at Geneva. См. Также: Gram-Skjoldager K., Ikonomou H.A. The League of Nations Secretariat: An Experiment in Liberal Internationalism? // Monde(s). Vol. 19 (1921). № 1. P. 31–50.

37 Eilstrup-Sangiovanni M. What Kills International Organisations?; Eilstrup-Sangiovanni M., Westerwinter O. The Global Governance Complexity Cube: Varieties of Institutional Complexity in Global Governance // Review of International Organizations. Vol. 17 (2022). № 2. P. 233–262.

38 Henning C.R., Pratt T. Hierarchy and Differentiation in International Regime Complexes: A Theoretical Framework for Comparative Research (неопубликованная статья, 2022). URL: https://static1.squarespace.com/static/5c54747ad7819e06b909fb1f/t/61f351dd6cf4da0b9d3d2eed/1643336157728/Hierarchy+and+Differentiation+in+International+Regime+Complexes_Jan20.pdf.

39 Гэлбрейт Д., Хертель А., Вольф С. Указ. соч..

40 Заньер Л. Цель – сделать ОБСЕ сильнее на пороге неопределенного будущего // Ежегодник ОБСЕ 2017. – Гамбург: [Институт исследования проблем мира и политики безопасности], 2020. С. 53-80.

41 Greminger T. Strengthening Cooperative Security in Difficult Times: Three Years as Secretary General of the OSCE (2017–2020) – a Critical Appraisal // Multilateralism in Transition: Challenges and Opportunities for the OSCE / S.J.A. Mason, L. Watanabe (eds). – Zürich: Center for Security Studies. ETH Zürich, 2021. P. 22–84.

42 Wohlfeld M., Tanner F. Comprehensive Security and New Challenges: Strengthening the OSCE. – Rome: Istituto Affari Internazionali, 2021. P. 9. URL: https://www.iai.it/sites/default/files/iaip2123.pdf.

43 Hinsley F.H. Power and the Pursuit of Peace: Theory and Practice in the History of Relations Between States. – Cambridge: Cambridge University Press, 1963.

44 Liechtenstein S. Ukraine Calls for Suspending Russia from the OSCE // Security and Human Rights Monitor. 30 June 2022. URL: https://www.shrmonitor.org/ukraine-calls-to-expel-russia-from-the-osce/.

45 Greminger T. Op. cit.

46 Hunt B.W. The League of Nations and the Italo-Ethiopian Conflict. Master's thesis, University of Montana, 1957. P. iii. URL: https://scholarworks.umt.edu/cgi/viewcontent.cgi?article=9685&context=etd.

47 Eilstrup-Sangiovanni M. Death of International Organizations; Eilstrup-Sangiovanni M. What Kills International Organisations?

# Несговорчивый партнер: куда ведут отношения ОБСЕ с Туркменистаном?

*Лука Анчески**

*Аннотация*

Статья посвящена отношениям ОБСЕ с Туркменистаном. На основе подробного рассмотрения взаимодействия ОБСЕ с ее самым авторитарным государством-участником делаются выводы в контексте дискуссии о жизнеспособности современного международного порядка и значимости ОБСЕ в международном сообществе. В статье, завершающейся тремя взаимосвязанными политическими рекомендациями, утверждается, что отношения Туркменистана и ОБСЕ характеризуются минимальным уровнем взаимодействия и маргинализацией вопросов прав человека и надлежащего управления.

*Ключевые слова*

Туркменистан, ОБСЕ, авторитаризм, содействие надлежащему управлению

Для цитирования этой публикации: Анчески Л. Несговорчивый партнер: куда ведут отношения ОБСЕ с Туркменистаном? / К. Фризендорф, А. Картсонаки (отв. ред.) // ОБСЕ Insights 4/2022 – Баден-Баден: Номос, 2023. URL: https://doi.org/10.5771/9783748936770-04

## Введение

7 июля 2022 г. в сотрудничестве с Министерством иностранных дел Туркменистана Центр ОБСЕ в Ашхабаде провел мероприятие, посвященное тридцатой годовщине установления отношений между Туркменистаном и ОБСЕ. Выступая на нем, многолетний министр иностранных дел Туркменистана Рашид Мередов подчеркнул неизменную приверженность страны «плодотворному сотрудничеству с Организацией по безопасности и сотрудничеству в Европе в деле укрепления безопасности в регионе ОБСЕ»[1]. В своем обращении к гостям и участникам конференции руководитель Центра ОБСЕ в Ашхабаде посол Джон Макгрегор отметил углубление всестороннего сотрудничества между сторонами, перечислил широкий спектр областей политики, в которых отношения принесли существенные результаты[2].

---

* Исследования Центральной и Восточной Европы, Университет Глазго Luca.Anceschi@glasgow.ac.uk.

Несмотря на оптимизм, которым пронизаны эти оценки, более пристальный взгляд на двустороннее взаимодействие между Туркменистаном и ОБСЕ в постсоветскую эпоху позволяет увидеть иную картину. На основе интервью с сотрудниками организации и анализа официальных документов ОБСЕ и правительства Туркменистана можно утверждать, что через тридцать лет после их установления отношения Туркменистана и ОБСЕ характеризуются минимальным уровнем взаимодействия и уходом от обсуждения острых вопросов сотрудничества, касающихся прав человека и содействия надлежащему управлению.

Автор полагает, что такое минимальное взаимодействие рассматривается и Туркменистаном, и ОБСЕ как оптимальное в контексте их более широких отношений. Сделанные в статье выводы имеют также отношение к более широкой дискуссии о бессодержательности и неадекватности современного международного порядка и о перспективах ОБСЕ на фоне ее приближения к своему пятидесятилетию[3].

В статье сначала анализируется работа по согласованию параметров для сотрудничества в период правления Ниязова (1992–2006 гг.), когда ОБСЕ и правительство Туркменистана установили регулирующие их отношения правила взаимодействия. Затем рассматриваются сотрудничество между Туркменистаном и ОБСЕ в период длительного правления президента Гурбангулы Бердымухамедова (2007–2022 гг.), в частности, в сфере человеческого измерения, а также деятельность Центра ОБСЕ в Ашхабаде и прогресс в сотрудничестве в двух других измерениях безопасности ОБСЕ. В заключении сформулированы рекомендации относительно целесообразной корректировки дальнейших направлений деятельности ОБСЕ.

## Установление правил взаимодействия: отношения Туркменистана и ОБСЕ в эпоху Ниязова

На протяжении всего постсоветского периода сменявшие друг друга лидеры Туркменистана сознательно проводили изоляционистскую внешнюю политику, в рамках которой взаимодействие с другими государствами определялось тем, насколько оно способствовало сохранению их власти. Активное участие в региональных и международных формах многостороннего сотрудничества, включая ОБСЕ, не было исключением. Именно через эту призму следует рассматривать развитие отношений между Туркменистаном и ОБСЕ.

Подписание Туркменистаном хельсинкского Заключительного акта в июле 1992 г. было для незадолго до этого провозгласившего независимость государства во многом предрешенным внешнеполитическим актом. Вступление страны в ОБСЕ не отражало принципиальное «видение будущего» (провозглашенного в одном из последних программных документов эпохи Ниязова) и в некотором смысле было случайным событием[4]. За время продолжительного и сопровождавшегося постоянными переменами пребывания у власти Сапармурата Ниязова сформировался формат сотрудничества, в рамках которого взаимодействие между ОБСЕ и Туркменистаном было сосредоточено на экономических и экологических вопросах при практически полном отсутствии прогресса в том, что касается мандата ОБСЕ в области человеческого измерения. В период правления Ниязова два знаковых события определили отношения Туркменистана с ОБСЕ и в равной степени способствовали закреплению этого формата.

23 июля 1998 г. Постоянный совет ОБСЕ принял решение об учреждении Центра ОБСЕ в Ашхабаде и утвердил его мандат. Задачи центра, как будет более подробно показано ниже, менялись в процессе эволюции отношений между ОБСЕ и Туркменистаном[5]. В 2001 г. Бесс Браун отметила, что для властей Туркменистана стала неожиданной деятельность Центра в сфере человеческого измерения и что они были недовольны его усилиями по формированию в стране гражданского общества[6]. Это свидетельствует о том, что по крайней мере на начальном этапе центр уделял первостепенное внимание деятельности в сфере человеческого измерения, которая на момент написания этой статьи, судя по всему, в основном, если не полностью исчерпала себя.

Вторым событием, определившим характер отношений Туркменистана с ОБСЕ в эпоху Ниязова, стало задействование «московского механизма» для расследования волны жестоких репрессий, последовавших за якобы планировавшимся переворотом в ноябре 2002 г. Расследование ОБСЕ под руководством Эммануэля Деко завершилось подробным докладом, в котором предлагались шестнадцать рекомендаций по улучшению системы правления в Туркменистане, основанных на тщательной работе в стране и интенсивном взаимодействии с местными деятелями[7]. Доклад содержал наиболее резкую критику со стороны ОБСЕ в адрес политики Туркменистана в области прав человека за все время работы организации в стране и преследовал цель оказать давление на власти, как это и предполагалось в рамках концепции «позитивного нейтралитета»[8]. Невосприимчивость режима к сформулированным в докладе выводам и рекомендациям показала, насколько несговорчивым партнером является Туркменистан. Это привело к возникновению формата сотрудничества, в рамках которого вопросы человеческого измерения отошли на второй план во взаимодействии между режимом в Ашхабаде, институтами ОБСЕ и ее присутствием в стране. В своем докладе Деко отметил, что «Туркменистан не может быть “черной дырой” в рамках ОБСЕ» в том, что касается защиты прав человека и соблюдения верховенства права[9]. Слова Деко оказались пророческими: спустя почти двадцать лет после публикации доклада и несмотря на три десятилетия сотрудничества с ОБСЕ система правления в Туркменистане не только является одной из худших на всем пространстве ОБСЕ, но больше не является предметом обсуждения в отношениях организации с Туркменистаном.

## Сотрудничество в области человеческого измерения для галочки

В период продолжительного президентства Гурбангулы Бердымухамедова Туркменистан оставался самым авторитарным из всех государств—участников ОБСЕ. Несмотря на это и по крайней мере внешне, интенсивность его сотрудничества с ОБСЕ не снизилась. Нет оснований полагать, что вступление Сердара Бердымухамедова в должность президента в начале 2022 г. изменит формат взаимодействия Туркменистана с ОБСЕ или качество управления страной.

Анализ деятельности Бюро ОБСЕ по демократическим институтам и правам человека (БДИПЧ) по наблюдению за выборами в Туркменистане показывает подводные камни формата сотрудничества в области человеческого измерения, сложившегося в период правления Бердымухамедова. С одной стороны, Туркменистан никогда не отказывался от своего обязательства приглашать БДИПЧ ОБСЕ для наблюдения за избирательными процессами в стране. Онлайн-архив БДИПЧ содержит отчеты, представленные после всех выборов[10]. С другой стороны – сотрудники миссий по наблюдению за выборами отмечают, что их функции были по сути косметическими. Несмотря на официальные приглашения правительства Туркменистана принять участие в наблюдении за выборами, члены миссий по оценке потребностей и по оценке выборов в своей деятельности были ограничены «затрудненными формами наблюдения»[11]. В частности, им было отказано в неограниченном и неконтролируемом доступе к кандидатам, представителям СМИ и должностным лицам, ответственным за проведение выборов, а также в осуществлении иной деятельности по независимому наблюдению за выборами[12]. На президентских выборах 2022 г. эта картина проявилась еще более рельефно: позднее направление правительством Туркменистана приглашения БДИПЧ не позволило последнему организовать и развернуть полноценную миссию наблюдения[13]. Вследствие этого БДИПЧ не осуществлял наблюдение за голосованием, в результате которого президентом страны был избрани Сердар Бердымухамедов. Деятельность БДИПЧ ограничилась небольшой миссией по оценке потребностей, работавшей дистанционно[14].

Во время работы ограниченной миссии по оценке потребностей в 2022 г. вновь проявилось непонимание правительством страны того, как работает механизм наблюдения за выборами. Так, сообщалось, что к представителям БДИПЧ обратились за содействием в решении вопросов технологии голосования и участия в выборах людей с ограниченными возможностями[15]. Последняя проблема не раз поднималась в предыдущих отчетах БДИПЧ о выборах в Туркменистане. В них отмечалось, что в стране не обеспечены избирательные права инвалидов. Однако Ашхабад предпочитал не обращать внимание на соответствующие рекомендациям и вернулся к ним лишь за две недели до выборов 2022 г. Это свидетельствует об отсутствии реального взаимодействия с ОБСЕ в сфере человеческого измерения[16].

На данном фоне очевидна дисфункциональность сотрудничества ОБСЕ и Туркменистана в области человеческого измерения. В отчетах БДИПЧ постоянно отмечается низкое качество избирательной практики Туркменистана, даются подробные рекомендации и даже предлагается прямое содействие. Продолжая утвердившуюся в эпоху Ниязова политику, режим Бердымухамедова сознательно игнорировал эти рекомендации и проводил по сути недемократические выборы, демонстрируя сугубо формальный подход к избирательному процессу и институту наблюдения за выборами.

Поскольку Туркменистан до сих пор не выполнил ни одну из рекомендаций, сформулированных последовательными миссиями БДИПЧ, резонно задать вопрос, зачем бюро продолжает участвовать в таком бесплодном партнерстве. По мнению многих официальных лиц, опрошенных в ходе работы над статьей, хотя эта деятельность в настоящее время безрезультатна, направление наблюдательных миссий – единственная возможность для поддержания диалога с Туркменистаном по вопросам выборов, тем более что Центр ОБСЕ в Ашхабаде не занимается этими вопросами. В избирательной сфере синергетический эффект, когда-то присутствовавший во взаимодействии властей Туркменистана с институтами и присутствиями ОБСЕ, окончательно исчез в 2010-е гг., что способствовало дальнейшему исключению человеческого измерения из повестки дня их сотрудничества.

## Границы взаимодействия на местах: Центр ОБСЕ в Ашхабаде

В конце 2021 г. в Центре ОБСЕ в Ашхабаде – полевой миссии, призванной транслировать повестку дня ОБСЕ в стране пребывания, – работали шесть международных и двадцать три местных сотрудника. Это штатное расписание оставалось неизменным с 2014 г.[17] Стабильным было и финансирование деятельности Центра: в 2015 – 2021 г. в сводном бюджете ОБСЕ на эти цели выделялись 1,5–1,6 млн евро. В 2021 г. расходы составили 1 661 200 евро. Более красноречивые выводы можно сделать на основе анализа внебюджетного финансирования деятельности Центра, представленного на рисунке ниже.

## Центр ОБСЕ в Ашхабаде: внебюджетные расходы (в евро, 2015–2021 гг.)

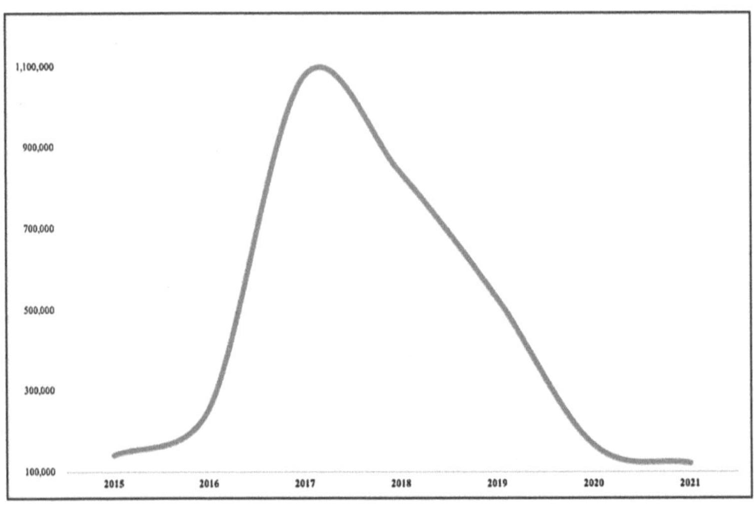


Официальные данные ОБСЕ свидетельствуют о том, что в конце рассматриваемого периода внебюджетные расходы центра были такими же, как и в 2015 г.[18] Пандемия коронавируса, безусловно, ускорила тенденцию к сокращению внебюджетного финансирования, наметившуюся после 2017 г. Тем не менее, согласно этим данным, уже в 2019 г. внебюджетное финансирование центра (527 633 евро) сократилось фактически вдвое по сравнению с 2017 г.

Внебюджетные расходы отражают финансовые взносы государств-участников на осуществление проектов, способствующих продвижению повестки дня ОБСЕ в Туркменистане. Список проектов в конкретном календарном году (Центр не раскрывает его публично) формируется в ходе сложных переговоров[19]. В этом процессе участвуют многие заинтересованные стороны: руководство центра, определяющее оперативные приоритеты, которые могут получить финансовую поддержку государств—участников ОБСЕ, отдельные государства-участники (или группы государств), готовые рассмотреть вопрос о финансировании конкретных проектов в определенных областях политики, и, что, возможно, наиболее важно, принимающая страна, чьи предпочтения определяют границы, в которые должен вписаться список согласованных проектов.

В личных беседах официальные лица отмечают хрупкость этого процесса, в ходе которого для получения проектного финансирования центру приходится искать общий знаменатель разных повесток дня[20]. Так, в рамках получивших в последнее время финансирование проектов необходимо было сочетать продолжающуюся деятельность центра в сфере безопасности границ, в частности, границы Туркменистана с Афганистаном, с повесткой дня ОБСЕ по расширению прав и возможностей женщин. Помимо этого, отбор проектов осложняется неуступчивостью властей Туркменистана, когда речь идет о мерах, направленных на политическую либерализацию и утверждение верховенства права. Необходимость поддержания центром конструктивных отношений с властями принимающей страны до сих пор заставляло избегать острой постановки вопросов человеческого измерения. Проекты, финансируемые за счет внебюджетных средств, не являются исключением в этом отношении.

По мере того как пандемия постепенно ослабевала, количество проектов, реализуемых Центром ОБСЕ в Ашхабаде, увеличивалось. Однако прагматические соображения заставили центр сместить акцент с человеческого измерения[21]. Эта неудобная правда, как правило, не находит должного отражения в ежегодных отчетах руководителя центра Постоянному совету ОБСЕ о деятельности центра[22]. Хотя сами отчеты недоступны для общественности, об этом можно судить по звучащим в официальной реакции государств-участников на доклады руководителя центра положительным оценкам сотрудничества в области человеческого измерения[23].

О снижении внимания к человеческому измерению можно судить и по исчезновению в последних ежегодных докладах ОБСЕ прозрачных данных об оказании правовой помощи гражданам Туркменистана. Эта информация отсутствует в докладах за 2020 и 2021 гг., тогда как известно, что в 2012 и 2013 гг. Центр ОБСЕ в Ашхабаде предоставил юридические консультации по вопросам прав человека соответственно 142 и 137 гражданам Туркменистана[24]. Если на ранних этапах деятельности центра сотрудничество по вопросам человеческого измерения было одним из ключевых направлений[25], то сейчас о нем не говорится в публично озвучиваемых задачах. Такое сотрудничество скорее всего является второстепенным аспектом тех сегментов повестки дня центра, которые обычно не раскрываются для общественности.

Подобно задачам БДИПЧ по наблюдению за выборами в Туркменистане деятельность Центра ОБСЕ в Ашхабаде подверглась влиянию того, что можно назвать «тиранией вовлеченности». Учитывая узкие рамки, в которых осуществлялась его деятельность, у центра, возможно, не было иного выбора кроме поиска наименьшего общего знаменателя в попытках согласовать бюджетные ограничения с нежеланием Туркменистана терпеть давление в вопросах реформы верховенства права. Представители ОБСЕ высказывают мнение, что при оценке деятельности центра следует исходить из того, что даже очевидно неэффективное присутствие в стране предпочтительнее полного отсутствия представительства организации. По словам одного из них, «без присутствия в стране не будет никаких перемен в будущем»[26]. Однако возможности для будущих изменений ограничиваются только теми сферами, на которых непосредственно сосредоточена деятельность ОБСЕ на местах. В Туркменистане, где сотрудничество в области человеческого измерения ограничено, работа центра может обеспечить прогресс только в вызывающих меньше противоречий областях политики.

## Детские шаги в тридцать: что делает ОБСЕ в Туркменистане?

Представители ОБСЕ в Туркменистане уделяют много внимания вопросам безопасности проницаемой и в целом нестабильной границы страны с Афганистаном[27]. Такие инициативы, как обучающий курс 2015 г. для 18 офицеров государственной пограничной службы Туркменистана и совместный семинар 2018 г. для старшего состава пограничных служб Туркменистана и Афганистана, показывают, что данная сфера политики находилась в поле зрения ОБСЕ еще до пандемии коронавируса[28]. Обе инициативы финансировались как внебюджетные проекты центра.

В будущем секьюритизация туркмено-афганской границы может обрести явно выраженное экологическое измерение. Как отмечает Инициатива по экологии и безопасности (ENVSEC), ключевым партнером которой является ОБСЕ, сочетание хронической нестабильности и изменения климата может привести к дальнейшему ухудшению ситуации в области безопасности в пограничном регионе[29]. Интервью с соответствующими представителями ОБСЕ подтверждает, что вопросы охраны окружающей среды, вероятно, станут одной из будущих сфер деятельности организации в Туркменистане[30].

Заявленное обязательство по включению Туркменистана в сети транспортной взаимосвязанности как в Центральной Азии, так и за ее пределами представляет собой еще один важный пункт повестки дня в деятельности ОБСЕ. Правда, данная тема в лучшем случае отражает некие намерения, но не реальность. Недавние исследования по экономической дипломатии в регионе ОБСЕ не выделяют Туркменистан в качестве развивающегося транспортного хаба[31]. Более того, посвященные Туркменистану сообщения СМИ подтверждают, что как до, так и после пандемии режим в Ашхабаде сохранил особое отношение к вопросам взаимосвязанности и региональной интеграции[32].

## Заключение и рекомендации

В статье получил подтверждение ряд ключевых выводов более ранних исследований роли и влияния ОБСЕ в Центральной Азии. Наблюдаемая тенденция к исключению вопросов человеческого измерения из повестки дня деятельности ОБСЕ в Туркменистане подтверждает вывод Мари Дебре об институционализации «норм невмешательства, которые ограждают режимы от нежелательного внешнего вмешательства в политически чувствительные области внутренней политики»[33]. Примирение с этим очищенным от нежелательного влияния форматом взаимодействия констатирует также Александр Паркоч, отмечающий, что отсутствие видимых стимулов для проведения реформ в области человеческого измерения привело к тому, что авторитарные лидеры в регионе ОБСЕ – в том числе в Туркменистане – рассматривают предлагаемые организацией меры по либерализации как прямую угрозу их авторитарной стабильности[34].

В статье также показано, что отказ рассматривать авторитарную политику как причину нестабильности хотя и позволяет сохранить минимальную степень взаимодействия с Туркменистаном, скорее всего неумолимо ведет ОБСЕ по «пути к нерелевантности», если воспользоваться фразой Каролины Ключевской[35]. Потенциал для нестабильности в Туркменистане остается значительным именно из-за авторитарных форм правления, которые представители ОБСЕ до сих пор оставляли без внимания: взаимосвязь вопросов продовольственного обеспечения и энергетического сектора, вследствие которой клептократическое управление доходами от туркменского газа привело к росту нестабильности в продовольственном секторе по всей стране, является ярким примером того, как укрепление авторитаризма привело к деградации ситуации в области безопасности населения[36].

Как утверждает Уильям Хилл, сотрудничество, игнорирующее человеческое измерение, в конечном итоге подрывает значимость нормативных основ ОБСЕ и ее основополагающих нормативных документов[37]. Помимо того, что такие форматы взаимодействия наносят ущерб безопасности самого Туркменистана, они способствуют утрате ОБСЕ ее роли по мере того, как мировое сообщество становится менее демократичным.

Наш анализ позволяет выделить три направления, которые могли бы быть положены в основу деятельности ОБСЕ в Туркменистане:

1. Поощрять пристальное наблюдение за политикой властей Туркменистана в области прав человека, например, побуждая Центр ОБСЕ в Ашхабаде оказывать более значительную и заметную помощь гражданам страны, подвергающимся преследованиям со стороны режима.
2. Отказаться от показного наблюдения за выборами, например, настаивая на том, чтобы наблюдательные миссии заблаговременно получали уведомление о предстоящих выборах и имели справедливый и беспрепятственный доступ к избирательному процессу.
3. Добиваться рассмотрения вопросов прав человека как фундаментального элемента понимания безопасности в ОБСЕ, например, настаивая в ходе переговоров на включении проектов по человеческому измерению в согласованный список внебюджетных проектов Центра ОБСЕ в Ашхабаде.

## Примечания

1 ОБСЕ и Туркменистан отмечают 30-летие сотрудничества // Официальный сайт ОБСЕ. 8 июля 2022 г. URL: https://www.osce.org/ru/centre-in-ashgabat/522379

2 Туркменские официальные СМИ воспроизвели пространные выдержки из речи Макгрегора. См.: Иманкулиева И. 30 лет успешного сотрудничества // Нейтральный Туркменистан. 2022. 8 июля. С. 3.

3 См.: Zelikow P. The Hollow Order: Rebuilding an International System That Works // Foreign Affairs. 2022. Vol. 101. No. 4 (July/August). P. 107–119; Хилл У. Х. ОБСЕ на пороге пятидесятилетия: есть ли у организации будущее? / К. Фризендорф, А. Картсонаки (отв. ред.) // ОБСЕ Insights 1/2022 – Баден-Баден: Номос, 2023. URL: https://doi.org/10.5771/9783748936770-01.

4 См.: Delegation of Turkmenistan to the OSCE. Statement by the Head of Delegation of Turkmenistan at 14th Meeting of the OSCE Ministerial Council. MC.DEL/37/06. Brussels, December 4, 2006 // Официальный сайт ОБСЕ. URL:https://www.osce.org/files/f/documents/5/9/22862.pdf.

5 См.: Организация по безопасности и сотрудничеству в Европе. Постоянный совет. Решение No 244. PC.DEC/244. 23 июля 1998 г. // Официальный сайт ОБСЕ. URL: https://www.osce.org/files/f/documents/d/3/40140.pdf.

6 См.: Brown B. Turkmenistan and the OSCE // OSCE Yearbook 2001 / IFSH (ed.). – Baden-Baden: Nomos, 2002. P. 107. URL: https://ifsh.de/file-CORE/documents/yearbook/english/01/Brown.pdf.

7 См.: OSCE Rapporteur's Report on Turkmenistan. By Prof. Emmanuel Decaux. ODIHR.GAL/15/03. 12 March 2003 // Официальный сайт ОБСЕ. URL: https://www.osce.org/files/f/documents/0/5/18372.pdf.

8 См.: Anceschi L. Turkmenistan's Foreign Policy: Positive Neutrality and the Consolidation of the Turkmen Regime. – London; New York: Routledge, 2008. P. 128–37.

9 См.: OSCE Rapporteur's Report on Turkmenistan. By Prof. Emmanuel Decaux. P. 3.

10 См.: OSCE/ODIHR. Elections in Turkmenistan // Официальный сайт ОБСЕ. URL: https://www.osce.org/odihr/elections/turkmenistan.

11 Беседа автора с сотрудником ОБСЕ. Май 2022 г.

12 См.: Туркменистан. Президентские выборы 12 февраля 2017 г. Миссия по оценке выборов БДИПЧ/ОБСЕ. Итоговый отчет. Варшава, 10 мая 2017 г. // Официальный сайт ОБСЕ. URL: https://www.osce.org/files/f/documents/4/8/317026.pdf.

13 ОБСЕ получила приглашение направить миссию по оценке потребностей 23 февраля, а по наблюдению за выборами – 25 февраля. Голосование было назначено на 12 марта 2022 г.

14 В беседе автором в мае 2022 г. сотрудник ОБСЕ отметил, что к различным организациям по наблюдению за выборами относились по-разному в том, что касалось исключений из строгого карантинного режима, введенного в Туркменистане в условиях пандемии коронавируса в начале 2022 г. В отличие от наблюдателей из Содружества Независимых Государств и Шанхайской организации сотрудничества, которые были оперативно включены в систему исключений, сотрудникам миссии БДИПЧ по оценке потребностей не был гарантирован бескарантинный въезд в Туркменистан за несколько дней до ее развертывания, что вынудило миссию БДИПЧ ограничиться дистанционным форматом, а руководство БДИПЧ – принять решение об отказе от полноценного наблюдения за выборами в день голосования. На эту разницу в отношении наблюдателей от различных организаций указывает заместитель главы делегации Великобритании в ОБСЕ Д. Браун в своем ответе на доклад руководителя Центра ОБСЕ в Ашхабаде о деятельности центра в

2022 г. См.: Report by OSCE Head of Centre in Ashgabat: UK response. // Официальный сайт правительства Соединенного Королевства. 2 июня 2022 г. URL: https://www.gov.uk/government/speeches/report-by-osce-head-of-centre-in-ashgabat-uk-response-june-2022.

15 Беседа автора с сотрудником ОБСЕ. Май 2022 г.

16 В рекомендации № 13 итогового отчета Миссии по оценке выборов 2017 г. систематическое «лишение [избирательных] прав лиц с психическими расстройствами» отмечается как одно из основных препятствий для регистрации избирателей в Туркменистане. См.: Туркменистан. Президентские выборы 12 февраля 2017 г. С. 21. Эта проблема была поднята и в следующем отчете: Туркменистан. Парламентские выборы 25 марта 2018 г. Миссия БДИПЧ по оценке выборов. Заключительный отчет. Варшава, 30 мая 2018 г. С. 2, 4, 8. // Официальный сайт ОБСЕ. URL: https://www.osce.org/files/f/documents/3/8/383727_0.pdf.

17 Данные о численности персонала центра см. в ежегодных докладах ОБСЕ на официальном сайте организации. URL: https://www.osce.org/annual-reports.

18 Данные о финансировании деятельности центра см. в ежегодных докладах ОБСЕ на официальном сайте организации. URL: https://www.osce.org/annual-reports.

19 См., в частности: Организация по безопасности и сотрудничеству в Европе. Ежегодный доклад за 2021 год. – Вена: ОБСЕ, 2022. С. 58–59. URL: https://www.osce.org/files/f/documents/6/0/536241.pdf.

20 Беседа автора с сотрудником ОБСЕ. Сентябрь 2022 г.

21 В 2021 г. центр сообщил об увеличении общего количества профинансированных проектов на 33 процента по сравнению с 2020 г., когда были осуществлены 44 проекта.

22 Беседа автора с сотрудником ОБСЕ. Сентябрь 2022 г.

23 «Мы также приветствуем работу Центра в третьем измерении, особенно в продвижении свободы СМИ и укреплении потенциала омбудсмена». См.: Norway and the OSCE. The Permanent Delegation to the OSCE. Statement in Response to the Head of the OSCE Centre in Ashgabat. Delivered by Ambassador Anne-Kirsti Karlsen at the Permanent Council, Vienna, 17 June 2021. URL: https://www.norway.no/en/missions/osce/norway-and-the-osce/statements/norwegian-statements-2021/statement-in-response-to-the-head-of-the-osce-centre-in-ashgabat/

24 См.: Ежегодный доклад 2012. – Вена: ОБСЕ, 2013. С. 86. URL: https://www.osce.org/files/f/documents/e/b/100260.pdf; Организация по безопасности и сотрудничеству в Европе. Ежегодный доклад 2013. – Вена: ОБСЕ, 2013. С. 77. URL: https://www.osce.org/files/f/documents/f/4/127217.pdf

25 См.: Brown B. Указ. соч. С. 110.

26 Беседа автора с сотрудником ОБСЕ. Сентябрь 2022 г.

27 Беседы автора с сотрудниками ОБСЕ. Сентябрь 2022 г. Частые упоминания об управлении границами также встречаются в разделах о деятельности Центра ОБСЕ в Ашхабаде в ежегодных докладах ОБСЕ после 2019 г.

28 См.: ОБСЕ проводит обучение пограничников Туркменистана в области управления границами и оценки угроз // Официальный сайт ОБСЕ. 29 апреля 2015 г. URL: https://www.osce.org/ru/ashgabat/154281; Центр ОБСЕ в Ашхабаде. Пограничный режим // Официальный сайт ОБСЕ. URL: https://www.osce.org/ru/centre-in-ashgabat/116278.

29 См.: Climate Change and Security: Central Asia // ENVSEC Initiative. URL: https://www.osce.org/files/f/documents/5/8/331991.pdf.

30 Беседа автора с сотрудником ОБСЕ. Сентябрь 2022 г.

31 См.: Wolff S. Economic Diplomacy and Connectivity: What Role for the OSCE? – Birmingham: Institute for Conflict, Co-operation and Security at the University of Birmingham, 2018. URL: https://www.birmingham.ac.uk/Documents/college-social-sciences/government-society/iccs/n

ews-events/2018/Osce-Report.pdf; Wolff S., Bayok A., Kakar R., and Yau N. The OSCE and Central Asia: Options for Engagement in the Context of the Crisis in Afghanistan and the War in Ukraine. – Hamburg: OSCE Network of Think Tanks and Academic Institutions, 2022.

32 В каких-то вопросах Туркменистан хочет присоединиться к остальному миру. В других же он стремится к обратному. См.: Turkmenistan: Shining City at a Foothill // Ahal-Teke: A Turkmenistan Bulletin. 20 September 2022. URL: https://eurasianet.org/turkmenistan-shining-city-at-a-foothill.

33 Debre M. J. Clubs of Autocrats: Regional Organizations and Authoritarian Survival // Review of International Organizations. 2022. Vol. 17. No. 3. P. 504.

34 Warkotsch A. The OSCE as an Agent of Socialisation? International Norm Dynamics and Political Change in Central Asia // Europe-Asia Studies. 2007. Vol. 59. No. 5. P. 844.

35 Kluczewska K. Benefactor, Industry or Intruder? Perceptions of International Organizations in Central Asia – the Case of the OSCE in Tajikistan // Central Asian Survey. 2017. Vol. 36. No. 3. P. 368.

36 Anceschi L. Nahrungsmittelunsicherheit, Armut und autoritärer Zerfall in Turkmenistan // Zentralasien-Analysen. 2020. No. 143. 30 September. P. 9–12.

37 Хилл У. Х. Указ. соч. С. 9.

# Вместо приспособления к постоянным кризисам: ОБСЕ в условиях переходного периода

*Вольфганг Цельнер**

*Аннотация*

Российская агрессия против Украины представляет собой полное отрицание всего, на чем стоит ОБСЕ: основанного на правилах порядка, безопасности, основанной на сотрудничестве, уважения суверенитета государств и нерушимости их границ. В этой связи встает вопрос, может ли ОБСЕ вообще существовать и работать в политической среде, которая противоречит самому смыслу ее существования. В статье кратко изложены три фактора, которые, вероятно, определят будущее организации. На этом фоне предлагается подход, которому ОБСЕ могла бы следовать в переходный период в ближайшие три года и сформулированы рекомендации по возможным направлениям ее деятельности.

*Ключевые слова*:

ОБСЕ, стратегия, Украина, война

Для цитирования этой публикации: Цельнер В. Вместо приспособления к постоянным кризисам: ОБСЕ в условиях переходного периода / К. Фризендорф, А. Картсонаки (отв. ред.) // ОБСЕ Insights 5/2022 – Баден-Баден: Номос, 2023. URL: https://doi.org/10.5771/9783748936770-05

## Введение

Основные принципы, на которых построена ОБСЕ, подразумевают поддержание основанного на правилах порядка, обеспечение безопасности на основе сотрудничества, уважение суверенитета государств и нерушимость их границ. Российское вторжение в Украину в феврале 2022 г. нарушило все эти обязательства. Вследствие этого подавляющее большинство государств—участников ОБСЕ прекратило сотрудничество с Российской Федерацией и поставило под вопрос целесообразность ее участия в совместном принятии решений в ОБСЕ.

В результате ОБСЕ оказалась в экзистенциальном кризисе. Главный вопрос заключается в том, может ли организация существовать и работать в политической

* Старший научный сотрудник, Институт исследования проблем мира и политики безопасности при Университете Гамбурга (IFSH), zellner@ifsh.de.

среде, которая противоречит самому смыслу ее существования. В статье предпринята попытка ответить на этот вопрос, предложив определенную стратегию для ОБСЕ, а именно стратегии организации всегда не хватало[1]. Автор полагает, что организация должна быть готова на время ограничиться неформальными форматами деятельности, избегая, когда это необходимо, принятия официальных решений.

Надлежащий ответ на важнейшие вопросы о том, может ли ОБСЕ играть конструктивную роль в европейской политике безопасности, и если да, то каким образом, требует оценки более широких политических процессов. Продолжение лавирования и занятие выжидательной позиции, к которым организация часто прибегала в прошлом, не может считаться адекватным ответом на этот вопрос. В статье кратко представлены три фактора, которые будут определять будущее ОБСЕ как международной организации, занимающейся вопросами безопасности. Утверждается, что ОБСЕ может обойти «ловушку консенсуса»[2], сделав выбор в пользу неформальных процедур принятия решений. В заключении сформулированы рекомендации относительно рассчитанной на трехлетний переходный период стратегии, предполагающей обсуждение политических вопросов и нацеленной на то, чтобы сохранить открытыми как можно больше вариантов дальнейшего развития.

## Три фактора, которые будут определять будущее ОБСЕ

Будущее ОБСЕ как организации, основанной на консенсусе скорее всего будет зависеть от следующих трех факторов: продолжительности и исхода войны в Украине, ослабления мощи и влияния России, а также темпов и результатов процесса вступления в ЕС стран Западных Балкан и Украины.

Во-первых, исход войны в Европе определит пространство для деятельности ОБСЕ. Неясно, как долго будет продолжаться война в Украине, и эксперты принципиально расходятся во мнениях относительно ее вероятного исхода[3]. Неясно также, завершится война достижением договоренности о прекращении огня или соглашением о мире. Одним из возможных вариантов является нестабильное соглашение о прекращении огня, которое завершится возобновлением военных действий. Другая возможность – стабильное мирное соглашение, включающее прекращение огня, договоренность по территориальным вопросам и гарантии. В зависимости от исхода политическое пространство для деятельности ОБСЕ может или расшириться, или еще больше сократиться. В случае нестабильного прекращения огня оно скорее всего сократится, а в случае достижения всеобъемлющего мирного соглашения и создания более благоприятных условий для сотрудничества – расширится. Во всех случаях отношения между Россией и Западом будут основываться на конфронтации до тех пор, пока в Российской Федерации не произойдет благоприятствующая их улучшению смена режима. Но это – вопрос далекой перспективы.

Во-вторых, агрессия против Украины ослабила Россию во всех отношениях: политически, экономически, в военном плане и с точки зрения ее способности контролировать свое так называемое «ближнее зарубежье» – в институциональном плане речь идет о членах Организации Договора о коллективной безопасности (ОДКБ). Недавние события обнажили слабые места России. В сентябре 2022 г. произошло столкновение армянских и азербайджанских войск, в ходе которого погибло около 200 военнослужащих. Вскоре после этого начались вооруженные столкновения между Кыргызстаном и Таджикистаном, в результате которых погибли десятки человек. Возглавляемая Россией ОДКБ не смогла предложить ничего, кроме направления миссии наблюдателей и призыва к миру. Сокращение влияния России на Южном Кавказе и в Центральной Азии открыло для ОБСЕ возможности для сотрудничества при условии, что эти государства будут заинтересованы в активизации деятельности организации. В то же время конфликты в этих регионах, которые до последнего времени сдерживала Российская Федерация, теперь могут обостриться. Таким образом возникает новая потребность в инициативах по предотвращению и регулированию конфликтов. Вопрос заключается в том, сможет ли ОБСЕ взять на себя решение этих задач.

В-третьих, некоторые из еще не входящих в ЕС балканских государств и Украина могут сблизиться с ЕС и вступить в него раньше, чем ожидалось. Это означает, что данные государства попадут в сферу компетенции ЕС, в результате чего потребность в осуществлении здесь деятельности ОБСЕ снизится. Сокращение сферы влияния России и расширение ЕС приведет к формированию в Европе еще более четкой биполярной структуры отношений с более отчетливыми разделительными линиями и меньшим количеством промежуточных государств. Для ОБСЕ это будет означать сужение политического пространства для деятельности.

## Освобождение от «ловушки консенсуса»

По мнению Фреда Таннера, одной из слабых сторон ОБСЕ является то, что он называет «ловушкой консенсуса»: «Россия, а также другие страны ... использовали отказ от консенсуса в качестве вето при формировании повестки дня, бюджета, проведении реформ, принятии решений в кризисных ситуациях, а также часто в качестве козыря для торга в спорах, совершенно не связанных с обсуждаемыми вопросами»[4]. На протяжении многих лет работать в таких условиях было трудно, хотя и возможно, правда, с большими издержками с точки зрения согласованности и эффективности проводившейся политики. После вторжения России в Украину достижение консенсуса стало невозможным. Есть два варианта выхода из тупика, возникшего из-за отсутствия консенсуса: либо приостановить участие России в ОБСЕ на основе правила «консенсус минус один», либо обойти российское вето, осуществляя деятельность ОБСЕ на более неформальной основе под руководством действующего Председателя и «Тройки» председателей.

Правило «консенсус минус один» было сформулировано в решениях пражской встречи Совета министров в 1992 г.: «В целях дальнейшего развития способности СБСЕ защищать права человека, демократию и верховенство закона мирными средствами Совет решил, что Советом или Комитетом старших должностных лиц могут быть, если необходимо – и без согласия соответствующего государства, в случаях явного, грубого и неисправленного нарушения соответствующих обязательств по СБСЕ предприняты надлежащие действия»[5].

Данное положение было применено только один раз – 8 июля 1992 г., когда тринадцатое заседание Комитета старших должностных лиц отстранило Сербию и Черногорию от участия в хельсинкском саммите 1992 г.[6] Отстранение Югославии от участия в работе ОБСЕ оставалось в силе до 7 ноября 2000 г., когда Союзная Республика Югославия вступила в организацию. Может ли ОБСЕ применить сейчас такой же подход к России? Отстранение Российской Федерации было бы оправданным. Российская агрессия против Украины несомненно представляет собой «явное, грубое и неисправленное» нарушение принятых в рамках ОБСЕ обязательств. Однако с политической точки зрения дело выглядит иначе. Сомнительно, что решение о приостановлении участия России может быть принято на основе консенсуса «минус один», поскольку для этого потребуется сотрудничество Беларуси и других членов возглавляемой Россией ОДКБ.

Если попытки достичь консенсуса с Россией не увенчаются успехом, другим вариантом продолжения деятельности ОБСЕ на менее формальной основе может быть негласное применение правила «консенсус минус один». Это возможно, поскольку ОБСЕ в своей повседневной деятельности всегда опиралась на крайне неформальную коммуникационную сеть. Такой подход потребовал бы интенсивных консультаций и дисциплины от государств-участников, а также сильного руководства со стороны действующего Председателя и «Тройки». Такая схема управления обязательно предполагает согласование бюджета, кандидатур Генерального секретаря и руководителей институтов ОБСЕ, продолжение деятельности по крайней мере ряда миссий на местах, и, наконец, самое сложное – решение вопроса о председательстве.

Начнем с бюджета. В течение последних нескольких лет сводный бюджет организации обычно утверждался не раньше лета. В результате ОБСЕ уже привыкла работать на основе временного бюджета. Недостаток временного бюджета заключается в том, что из него может финансироваться реализация только ранее утвержденных программ и проектов. Новые же проекты должны финансироваться за счет добровольных взносов. Если предварительное бюджетирование будет прекращено, данное правило будет применяться ко всему бюджету: финансирование должно будет полностью осуществляться за счет добровольных взносов. Это продемонстрировало бы России и другим государствам, что блокирование бюджета больше не является тем острым оружием, которым оно было раньше. Но такой подход потребует жесткой дисциплины, особенно со стороны крупных западных государств-участников. Если они перестанут выделять необходимые средства, деятельность организации быстро прекратится.

Институты ОБСЕ – Бюро по демократическим институтам и правам человека (БДИПЧ), Верховный комиссар по делам национальных меньшинств (ВКНМ) и Представитель ОБСЕ по вопросам свободы СМИ (ПССМИ) – должны быть сохранены в любом случае, как и полевые операции, если принимающие государства на это согласны. Как предлагает Йос Бунстра, один из «способов сделать это – отделить директивные органы ОБСЕ ... от остальных структур, миссий и органов»[7]. В результате институты организации продолжали бы свою деятельность в качестве проектов Председателя, а их бюджеты формировались бы за счет добровольных взносов. Точно так же могли бы продолжать свою деятельность полевые операции, объясняет Ян Келли, бывший глава делегации США в ОБСЕ: «Если мандаты полевых миссий не будут продлены в этом (2022. – *Прим. ред.*) году, чего многие опасаются, действующий Председатель ... может использовать свои полномочия для сохранения определенного типа полевых миссий (например, в качестве «офисов специального представителя действующего Председателя») в тех странах ОБСЕ, которые поддерживают продолжение их деятельности. Они могут финансироваться государствами-единомышленниками ОБСЕ»[8]. Организация уже предпринимает шаги в этом направлении. В августе 2022 г. Председатель и Генеральный секретарь объявили о начале реализации программы поддержки Украины после того как Бюро Координатора проектов ОБСЕ в Украине было закрыто из-за вето России[9]. Однако настоящее испытание наступит в конце 2022 г., когда истекает срок действия мандатов большинства миссий.

Если главы миссий назначаются Председателем, то с главами институтов дела обстоят сложнее – они назначаются решениями Совета министров. Срок полномочий Генерального секретаря Хельги Марии Шмид, ВКНМ, директора БДИПЧ и ПССМИ истекает в декабре 2023 г. В этот момент – аналогично ситуации, которая сложилась в июле–декабре 2020 г., когда все четыре должности оставались вакантными – исполняющими их обязанности станут официальные или неофициальные заместители. У такого решения нет ограничений по времени.

Единственной по-настоящему сложной проблемой является замещение поста действующего Председателя. В 2023 г. председательство перейдет к Северной Македонии, за которой в 2025 г. – в год пятидесятилетия принятия хельсинкского Заключительного акта – последует Финляндия. Председатель же на 2024 г. еще не избран. Преодоление этого разрыва потребует от дипломатов проявить изобретательность. По крайней мере частичным решением проблемы может стать продление председательства Северной Македонии и повышение роли «Тройки».

Вопрос заключается в том, является ли изложенный выше неформальный подход к руководству деятельностью ОБСЕ легитимным и реализуемым. Следует признать, что такое решение нанесло бы Российской Федерации серьезное оскорбление. Оно было бы немыслим в «нормальных» условиях. Однако своей агрессией против Украины Россия утратила всякое право на нормальное отношение к себе. ОБСЕ не должна позволить России разрушить себя – России, которая разрушает гражданскую инфраструктуру крупной соседней страны и тем самым совершает действия, которые, согласно Женевским конвенциям, являются серьезным военным преступлением. Если России не понравится такое отношение к ней в ОБСЕ, она вольна выйти из организации. Однако скорее всего она не пойдет на такой шаг, поскольку большинство ее союзников по ОДКБ не последуют ее примеру и это приведет к ее изоляции.

Для успешного функционирования неформальной модели необходимо серьезно отнестись к переходу от формального консенсуса к менее формальному подходу к управлению деятельностью организации. Это потребует тесных консультаций даже с самыми малыми государствами по широкому кругу вопросов. Однако такие усилия пойдут на пользу организации. Поскольку предлагаемый нами для переходного периода неформальный подход потребует проявления политической воли и дисциплины, он выходит далеко за рамки обычной стратегии приспособления организации к постоянным кризисам.

## Элементы повестки дня ОБСЕ на переходный период: рекомендации

В данном разделе сформулированы предложения по формированию рассчитанной на три года программы работы ОБСЕ, сосредоточенной на ключевых политических вопросах и направленной на то, чтобы сохранить для организации как можно больше возможностей на будущее. Ничто не мешает государствам—участникам ОБСЕ разработать такую повестку дня. Как утверждает Уолтер Кэмп, «для запуска такого процесса нет необходимости принимать решение на основе консенсуса»[10]. Он мог бы начаться в неформальной обстановке, координируемый Председателем и «Тройкой», с участием или без участия России. Его повестка дня должна включать следующие пункты.

*Инклюзивный диалог с Россией или без нее.* В основе работы СБСЕ–ОБСЕ всегда лежало обсуждение без предварительных условий любого актуального вопроса европейской безопасности. Россия не должна быть исключена из такого диалога априори. Скорее, одна из целей диалога – заставить Россию снова и снова объяснять свои действия. Так же как для президента Макрона и канцлера Шольца важно разговаривать с президентом Путиным, необходимо вовлекать российскую делегацию в обсуждения в ОБСЕ. Бойкоты, подобные тем, которые имели место в первые месяцы агрессии России против Украины, непродуктивны. Диалог по вопросам безопасности должен быть сосредоточен на двух темах. Во-первых, на том, как сдерживать российскую агрессию и в то же время создавать основы для более кооперативного европейского порядка. Во-вторых, на проблемах региональной безопасности в тех регионах, в которых влияние России сокращается, оставляя вакуум безопасности.

*Соблюдение норм ОБСЕ.* Для такой основанной на нормах организации, как ОБСЕ, крайне важно, чтобы она при любых обстоятельствах продолжала отслеживать и обсуждать соблюдение принятых в ее рамках обязательств. Прежде всего это означает продолжение работы БДИПЧ, ВКНМ и ПССМИ. Если Россия или Беларусь заблокируют бюджеты этих институтов, их деятельность должна быть продолжена в качестве проектов Председателя, финансируемых за счет добровольных взносов. То же самое касается Совещания по рассмотрению выполнения обязательств в области человеческого измерения (СРВЧИ), которое не состоялось в 2020 г. из-за пандемии коронавируса, а в 2021 г. – из-за отсутствия консенсуса. Важным шагом стало проведение польским Председателем в сентябре и октябре 2022 г. «Конференции по человеческому измерению», формат которой был аналогичен СРВЧИ[11]. В этом контексте следует регулярно поднимать вопрос о продолжающихся грубых нарушениях прав человека Российской Федерацией. Наряду с тремя институтами центральной площадкой для обсуждения выполнения норм и обязательств, принятых в рамках ОБСЕ, должен стать Постоянный совет.

*Сотрудничество со странами Южного Кавказа и Центральной Азии* стало как никогда важно. Во-первых, снижение влияния России может привести к обострению ранее сдерживавшихся вооруженных конфликтов. Поэтому важно, чтобы ОБСЕ активизировала усилия по предотвращению конфликтов в этих регионах. Во-вторых, Китай уже сейчас является важнейшим торговым партнером центральноазиатских государств и главным гарантом их суверенитета от возможного нападения со стороны России. Однако не следует позволять ему в одиночку заполнять вакуум безопасности в Центральной Азии. В-третьих, поскольку Центральная Азия не является ключевым объектом внимания основных западных организаций, ОБСЕ могла бы сыграть ведущую роль в этом отношении. Впрочем, еще предстоит выяснить, примут ли государства-участники такую роль ОБСЕ и сможет ли организация должным образом решать возникающие здесь проблемы.

*Реализация будущего российско-украинского соглашения о прекращении огня.* ОБСЕ не очень подходит на роль посредника в российско-украинской войне. Как отмечает Уильям Хилл, «ОБСЕ слишком велика, громоздка и разнообразна, чтобы служить прямым посредником в конфликте»[12]. Об этом говорит и отсутствие у ОБСЕ опыта успешного урегулирования в прошлом даже менее крупных конфликтов, таких как карабахский, в котором так называемая Минская группа ОБСЕ под руководством трех сопредседателей — Франции, России и США — больше не играет никакой роли. Однако ОБСЕ должна попытаться сыграть свою роль в реализации будущего соглашения о прекращении огня, как она это делала с 2014 по 2022 г., развернув в Украине Специальную мониторинговую миссию (СММ). Два аспекта требуют внимания в этой связи. Во-первых, учитывая серьезность и глобальную значимость конфликта, было бы предпочтительно развернуть здесь миссию ООН на основе мандата Совета Безопасности ООН. Это подразумевало бы согласие России с мандатом миссии. Во-вторых, следует иметь в виду, что ни Украина, ни Россия по разным причинам не приветствовали деятельность СММ и ОБСЕ в Украине. Тем не менее ОБСЕ должна попытаться использовать свой богатый опыт в процессе выполнения будущего российско-украинского соглашения о прекращении огня.

*Контроль над вооружениями.* В нынешних обстоятельствах это может показаться удивительным, но, как справедливо отмечает Александр Маттелаер, «в долгосрочной перспективе завершение войны России против Украины, вероятно, предъявит новые требования к контролю над вооружениями»[13]. Это верно по нескольким причинам. Во-первых, любое долгосрочное прекращение огня или мирное соглашение будет содержать элементы контроля над вооружениями (установление предельных уровней в определенных сферах, обмен информацией, верификация). Во-вторых, мирное соглашение скорее всего будет содержать положения по территориальным вопросам, которые не удовлетворят ни Украину, ни Россию. Следовательно, «с территориальным вопросом связано еще одно препятствие для долгосрочного урегулирования: как гарантировать Украине, что Россия в будущем не предпримет новых попыток пересмотреть границы силой, и как гарантировать России, что Украина не сможет в дальнейшем военным путем перерешать территориальный вопрос (вне зависимости от того, кто будет у власти в Киеве)?»[14]. В какой-то мере решение данной проблемы, вероятно, будет обеспечиваться договоренностями о мерах по контролю над вооружениями. В-третьих, возникнет необходимость в субрегиональном контроле над вооружениями для таких регионов, как Южный Кавказ и части Центральной Азии. В связи с этой потенциальной повесткой дня целесообразно сохранить работоспособность Форума ОБСЕ по сотрудничеству в области безопасности.

*Использование пятидесятой годовщины хельсинкского Заключительного акта для обсуждения будущего организации.* Пятидесятая годовщина хельсинкского Заключительного акта предоставит возможность провести в Хельсинки неофициальную встречу Совета министров или глав государств и правительств, посвященную подведению итогов и обсуждению стратегий для создания более благоприятных условий для деятельности организации в будущем. Три года, остающиеся до проведения такой встречи, следует использовать для организации широкого обсуждения с участием государств-участников, других международных организаций, членов парламентов, лидеров гражданского общества и ученых. Если кто-то и сможет координировать такой процесс, так это Финляндия.

Маловероятно, что ОБСЕ сможет сформулировать ответы на все пункты предлагаемой повестки дня. Именно государства-участники будут определять будущие задачи и роль организации. Тем не менее стоит попытаться сформировать содержательную повестку дня, которая позволит сохранить политические перспективы для ОБСЕ на будущее.

## Примечания

1 См.: Кемп У. В поисках нового: ОБСЕ нуждается в стратегии / К. Фризендорф, А. Картсонаки (отв. ред.) // ОБСЕ Insights 2/2022 – Баден-Баден: Номос, 2023. URL: https://doi.org/10.5771/9783748936770-02.

2 Tanner F. The OSCE and European Security: Towards a Point of No Return? // Envisioning Peace in a Time of War: The New School of Multilateralism / U. Werther-Pietsch (ed). – Vienna: Facultas, 2022. P. 60.

3 Председатель Объединенного комитета начальников штабов ВС США генерал Марк Милли 16 ноября 2022 г. заявил следующее: «Вероятность украинской военной победы, определяемой как изгнание русских со всей Украины, включая то, что они называют Крымом, — вероятность того, что это произойдет в ближайшее время, невелика с военной точки зрения». См.: US-General: Baldiger Sieg unwahrscheinlich // ZDF. 2022. 17 November. URL: https://www.zdf.de/nachrichten/politik/ukraine-russland-krieg-general-milley-usa-100.html. Заместитель министра обороны Украины генерал Владимир Гаврилов намного более оптимистично предположил, что война может быть закончена к концу весны 2023 г. Он не исключил продвижение украинских войск в Крым к концу 2022 г. См.: Ukrainischer General: Krieg zum Frühlingsende vorbei // NTV. 2022. 19 November. URL: https://www.n-tv.de/politik/Ukrainischer-General-Krieg-zum-Fruehlingsende-vorbei-article23729746.html).

4 Tanner F. Op. cit. P. 60.

5 Второе совещание совета. Резюме выводов. Пражский документ о дальнейшем развитии институтов и структур СБСЕ. Декларация Совета СБСЕ о нераспространении и торговле оружием. Prague: 1992. С. 11 // Официальный сайт ОБСЕ. URL: https://www.osce.org/files/f/documents/a/b/40274.pdf.

6 OSCE. Serbia and Montenegro Suspended as a Participating State. 8 July 1992 // Официальный сайт ОБСЕ. URL: https://www.osce.org/node/58332. См. также: Решения Комитета старших должностных лиц // От Хельсинки до Будапешта: История СБСЕ/ОБСЕ в документах 1973–1994. Т. 3. – М.: Наука, 1997. С. 157.

7 Boonstra J. The OSCE: Back to Square One? // Russia's War against Ukraine: Implications for the Future of the OSCE. OSCE Network Perspectives. I/2022 / C. Friesendorf and S. Wolff (eds). – OSCE Network of Think Tanks and Academic Institutions, June 2022. P. 16. URL: https://osce-network.net/fileadmin/user_upload/OSCE_Network_Perspectives_2022_20June_final.pdf.

8 Kelly I. Will the OSCE Devolve into the CSCE? // Russia's War against Ukraine. Op. cit. P. 49.

9 См.: OSCE Chairman-in-Office and Secretary General Announce OSCE Support Programme for Ukraine // Официальный сайт ОБСЕ. 3 августа 2022 г. URL: https://www.osce.org/Chairmanship/523754.

10 Kemp W. Op. cit. P. 7.

11 Human Dimension Conference Concludes in Warsaw // Официальный сайт ОБСЕ. 7 октября 2022 г. URL: https://www.osce.org/chairmanship/528399.

12 Хилл У. Х. ОБСЕ на пороге пятидесятилетия: есть ли у организации будущее? / К. Фризендорф, А. Картсонаки (отв. ред.) // ОБСЕ Insights 1/2022 – Баден-Баден: Номос, 2023. С. 9. URL: https://doi.org/10.5771/9783748936770-01.

13 Mattelaer A. Keeping the OSCE Alive. Egmont Policy Brief 287. – Brussels: Egmont Institute, 2022. P. 3. URL: https://www.egmontinstitute.be/app/uploads/2022/09/Alexander-Mattelaer_PolicyBrief287.pdf?type=pdf.

14 Фролов В. Суровикин, коридор и миротворцы. Как Россия изменила свои цели в отношении Украины // Carnegie Endowment for International Peace. 25 октября 2022 г. URL: https://carnegieendowment.org/politika/88241.

# СБСЕ: уроки прошлого

*Андрей Загорский**

*Аннотация*

В условиях нескольких кризисов, с которыми столкнулся Хельсинкский процесс в последнее десятилетие «холодной войны», были разработаны различные стратегии, которые обеспечили его поступательное развитие. Среди них, в частности, сохранение гибкой повестки дня, ее расширение и использование асимметрии приоритетов государств в рамках концепции сбалансированного прогресса в различных измерениях СБСЕ. Это позволило основным участникам сохранить чувство сопричастности к процессу, несмотря на голоса тех на Востоке и Западе, кто ставил под сомнение целесообразность продолжения Хельсинкского процесса. В статье рассматривается, как эти стратегии применялись в рамках СБСЕ. В заключении анализируется, в какой мере их актуальность сохраняется в современных условиях. При этом подробно рассматриваются как различия, так и сходство между СБСЕ и ОБСЕ, такие как явно асимметричные приоритеты государств-участников.

*Ключевые слова:*

Европейская безопасность, СБСЕ, Хельсинкский процесс, ОБСЕ, права человека

Для цитирования этой публикации: Загорский А. СБСЕ: уроки прошлого / К. Фризендорф, А. Картсонаки (отв. ред.) // ОБСЕ Insights 6/2022 – Баден-Баден: Номос, 2023. URL: https://doi.org/10.5771/9783748936770-06

## Введение

Кризис, с которым столкнулась ОБСЕ, не первый в ее истории. Это даже не первый экзистенциальный кризис, хотя, возможно, он самый серьезный. В феврале 1974 г., всего через несколько месяцев после начала второго этапа Совещания по безопасности и сотрудничеству в Европе (СБСЕ) после ареста Александра Солженицына, участники «совещания затаили дыхание» – его судьба зависела от того, как в Москве обойдутся с Солженицыным[1]. Несколько лет спустя полемика вокруг прав человека едва не привела к провалу первой после Хельсинки встречи СБСЕ в Белграде (1977–1978). Открытие следующей встречи в Мадриде (1980–1983) было

* Национальный исследовательский институт мировой экономики и международных отношений имени Е. М. Примакова Российской академии наук, Москва
zagorskiandrei@gmail.com.

омрачено советской интервенцией в Афганистане, а в начале 1982 г. она была приостановлена на несколько месяцев после введения военного положения в Польше в декабре 1981 г. На этом фоне продолжение Хельсинкского процесса не могло считаться гарантированным. На фоне возобновившейся конфронтации разочарованные превращением встреч в рамках дальнейших шагов после совещания в арену взаимных обвинений и порицаний, а не предметных обсуждений, СССР и США неоднократно рассматривали возможность выхода из СБСЕ.

Публичное обсуждение на Белградской встрече нарушений прав человека в СССР усилило голоса тех в Москве, кто выступал против Хельсинкского процесса. Готовясь к Мадридской встрече, Советский Союз поставил под сомнение ценность продолжения процесса СБСЕ, если Запад возобновит полемику белградского типа[2]. Делегации в Мадриде «задавались вопросом, не приехали ли Советы в Мадрид для того, чтобы положить конец дипломатическому процессу, который перестал быть для них полезным и приносил только разочарование»[3].

Во время президентской кампании 1980 г. Рональд Рейган задавал вопрос, почему американские дипломаты должны ехать в Мадрид в то время как американские спортсмены бойкотируют Олимпийские игры в Москве. Несколько западных государств, в частности США, Франция и Дания, предложили отложить начало встречи[4]. После введения военного положения в Польше в декабре 1981 г. США настаивали на том, чтобы встреча не возобновлялась после зимнего перерыва[5]. Это привело бы к прекращению процесса СБСЕ.

По мере роста напряженности между Востоком и Западом в 1980-е годы усиливалась критика СБСЕ со стороны Запада. Встреча министров в Хельсинки в 1985 г., которая должна была ознаменовать десятую годовщину Заключительного акта, прошла в мрачной атмосфере. Разочарование от отсутствия прогресса в «человеческом измерении» усилило голоса тех на Западе, кто считал, что политика разрядки и достигнутый в Хельсинки в 1975 г. компромисс были основаны на ошибочной оценке намерений советских лидеров. В 1986 г. правительство США рассматривало возможность отказа от хельсинкских договоренностей и изучало, как это можно сделать на практике[6].

Тем не менее СБСЕ выжило. Причины этого были разнообразны. Помимо лоббирования ряда государств-участников (которые противопоставляли критике хельсинкских договоренностей тезис о том, что они будут иметь долгосрочные последствия) и посредничества группы нейтральных и неприсоединившихся стран, государства-участники разработали ряд стратегий, которые не позволили прервать процесс СБСЕ. В числе таких стратегий «*асимметричный торг*», учитывавший различия в интересах государств-участников, понимание СБСЕ как *процесса*, основанного на договоренности о modus vivendi, предполагавшей возможность изменений в будущем, максимальное использование широкой и гибкой повестки дня для обеспечения *сбалансированного прогресса* в различных «корзинах» (измерениях), что отражало асимметричные приоритеты государств-участников, а также *конкре-*

*тизацию* тех хельсинских положений, которые вызывали наибольшие споры, чтобы сузить пространство для их различной интерпретации.

В статье прослеживается применение этих стратегий вплоть до окончания «холодной войны». В заключении рассматривается, могут ли эти стратегии помочь ОБСЕ преодолеть нынешний кризис и в какой степени.

## «Асимметричный торг»

Всеобъемлющая повестка дня СБСЕ не была осознанным выбором государств-участников. Она сформировалась в результате жесткого торга по вопросу о возможных результатах совещания, в ходе которого представления и приоритеты Востока и Запада существенно отличались[7].

Советский Союз стремился закрепить территориальный и политический статус-кво в Европе, сложившийся после Второй мировой войны. Он рассчитывал провести общеевропейскую конференцию, которая заменила бы окончательное урегулирование в отношении Германии и позволила бы консолидировать его сферу влияния в рамках ялтинско-потсдамской системы. С этой целью Москва отдавала приоритет достижению соглашения по ряду принципов межгосударственных отношений, и подчеркивала принцип нерушимости границ. Советский блок также дополнил свое первоначальное предложение по повестке дня совещания вопросами экономического и экологического сотрудничества.

На Западе и, в частности, в США эта политика рассматривалась как «совместимая с ключевым положением внешней политики Никсона-Киссинджера», которая исходила из того, что статус-кво «является единственной реалистичной политикой, совместимой с американскими интересами»[8]. Однако обсуждения в НАТО в 1969–1971 гг. показали, что западноевропейские правительства хотя и были открыты для обсуждения принципов межгосударственных отношений, выступали за расширение повестки дня совещания за счет включения в нее таких вопросов, как более свободное перемещение людей и идей и значимые в военном отношении меры укрепления доверия. Они также стремились решить практические гуманитарные вопросы и включить в каталог принципов уважение прав человека и основных свобод. Приняв принцип нерушимости границ в договорах 1970 г. с Москвой и Варшавой, ФРГ стремилась оставить открытой дверь для воссоединения Германии, подчеркивая возможность мирного изменения границ[9]. После нескольких месяцев сопротивления на подготовительных консультациях СБСЕ 1972–1973 гг. Советский Союз согласился с таким расширением повестки дня[10]. Это позволило сформировать три «корзины» СБСЕ: вопросы, связанные с безопасностью (принципы и меры укрепления доверия), экономическое и экологическое сотрудничество и гуманитарное сотрудничество, включая контакты между людьми и обмен информацией.

В результате длительных переговоров хельсинкский Заключительный акт 1975 г. был основан на огромном количестве компромиссов внутри и между отдельными «корзинами». Наиболее значимые из них включали уравновешивание принципа нерушимости границ положением о возможности их мирного изменении, которое было включено в текст принципа суверенного равенства; включение в хельсинкский Декалог принципа уважения прав человека, а также конкретные положения, касающиеся контактов между людьми и обмена информацией. Эти компромиссы определили баланс хельсинкских договоренностей, который каждая сторона сочла достаточным для того, чтобы обосновать приемлемость общего результата переговоров.

Совещание выиграло от асимметричности приоритетов государств-участников – каждое из них было заинтересовано в соглашении. Однако достижение договоренности не устранило саму асимметрию интересов, которая проявилась в различных оценках итогов СБСЕ государствами-участниками. Советский Союз и его союзники выделяли принцип нерушимость границ (замалчивая при этом положение о возможности их изменения мирным путем и по договоренности), а позднее – невмешательства во внутренние дела. Считалось, что оба принципа закрепляли территориальный и политический статус-кво в Европе. На Западе, напротив, акцент делали на «динамических» положениях Заключительного акта, в первую очередь на тех, которые были включены в гуманитарную «третью корзину» (а также на положении о возможности мирного изменения границ), а позднее — на принципе уважения прав человека. Считалось, что эти положения подчеркивали тот факт, что хельсинкские компромиссы означали договоренность о modus vivendi, которая допускала возможность изменений в будущем. И Восток, и Запад считали, что время работает на них.

Открытый характер Хельсинкского процесса и неопределенность в отношении того, к чему он в конечном итоге приведет, вызывали критику как на Западе, так и на Востоке. Различия в приоритетах оставались в центре споров между Востоком и Западом на последующих встречах, на которых обсуждались ход выполнения хельсинкских договоренностей и дальнейшие шаги.

## Процесс

Критики Заключительного акта на Западе утверждали, что обязательства, о которых договорились Восток и Запад, были несбалансированными. Они указывали на то, что Заключительный акт был выгоден прежде всего советскому блоку, отмечая различия между обратимыми и необратимыми обязательствами, которые взяли на себя Восток и Запад. В частности, они подчеркивали, что советский блок достиг своей главной цели, подтвердив нерушимость границ в Европе (необратимое обязательство). В то же время положения, касавшиеся более свободного передвижения людей и идей между Востоком и Западом, еще не были реализованы, что ставило

Запад в зависимость от доброй воли Востока (а значит, делало это обязательство обратимым). Была надежда, что это можно исправить, если рассматривать СБСЕ как процесс, а не как единичное мероприятие, и договориться о серии последующих встреч, на которых можно будет добиваться, в частности, выполнения хельсинкских договоренностей.

Неудивительно, что позиции Востока и Запада по вопросу о дальнейших шагах после совещания были разными. СССР в начале совещания предложил институционализировать СБСЕ. Однако он потерял интерес к этому предложению по мере того, как обретали конкретные контуры договоренности в «третьей корзине» Заключительного акта. На финальном этапе переговоров Москва была готова ограничиться подписанием Заключительного акта. Запад, напротив, поначалу скептически относившийся к идее институционализации СБСЕ, по мере наполнения «третьей корзины» все более конкретным содержанием проявлял все большую заинтересованность в проведении последующих встреч в рамках СБСЕ, что позволило бы на каждом этапе вновь подтверждать, а также добиваться выполнения и улучшения «динамических» обязательств. Соответствующие положения Заключительного акта хотя и ограничились договоренностью о том, что первая встреча в рамках дальнейших шагов после совещания откроется в Белграде в 1977 г., сыграли важную роль в налаживании Хельсинкского процесса. Встречи в рамках дальнейших шагов должны были служить, в частности, трем основным целям: продолжить начатый совещанием многосторонний процесс, обеспечить подотчетность государств-участников за выполнение принятых в рамках СБСЕ обязательств и предоставить возможность для обсуждения предложений по развитию хельсинкских договоренностей.

Белградская встреча во многом не достигла этих целей. После избрания президентом США Джимми Картера Вашингтон сделал акцент на правах человека и добивался выполнения соответствующих положений Заключительного акта. Вместо того чтобы, как и раньше, придерживаться «тихой» дипломатии, новая администрация делала это очень публично. СССР же прибыл в Белград с широкой (в основном декларативной) программой разоружения и предложением амбициозных общеевропейских проектов в экономической сфере. В то время как США не проявили интереса к обсуждению вопросов разоружения и опасались того, что расширение повестки дня СБСЕ в этом направлении отвлечет внимание от проблематики прав человека, СССР отверг такой подход как «изменение баланса» Хельсинкского процесса. Он ясно дал понять, что не готов принять какие-либо новые обязательства в «третьей корзине», стремился оградить себя от международного обсуждения положения с правами человека в Советском Союзе и подчеркивал принцип невмешательства во внутренние дела. Ряд европейских государств-участников безуспешно пытались найти точки соприкосновения, проявив интерес к обсуждению предложенных Москвой экономических проектов в обмен на некоторый прогресс в «человеческом измерении». На Белградской встрече не удалось согласовать содержательный итоговый документ, хотя она обеспечила продолжение процесса СБСЕ:

на ней удалось договориться о проведении второй встречи, которая должна была открыться в Мадриде в 1980 г.

## Гибкая повестка дня и сбалансированный прогресс

Один из уроков Белградской встречи заключался в том, что основным вызовом для Хельсинкского процесса было поддержание баланса асимметричных интересов его ключевых участников. Эта проблема не ограничивалась спорами о выполнении ранее достигнутых договоренностей, по-разному интерпретировавшихся государствами-участниками. Скорее определение нового баланса интересов на каждом этапе процесса могло бы способствовать реализации ранее достигнутых договоренностей в рамках новых компромиссов.

Это постепенно привело к признанию необходимости обеспечить сбалансированный параллельный прогресс в различных «корзинах» хельсинкского Заключительного акта, добиваясь прежде всего того, чтобы прогресс в «человеческом измерении» сопровождался сопоставимым прогрессом в сфере безопасности (и наоборот). В 1980-е годы такому подходу способствовали три фактора.

Во-первых, повестка дня совещания никогда не была жесткой. Хотя в 1973 г. государства-участники согласовали конкретный перечень вопросов, подлежавших рассмотрению в ходе подготовки Заключительного акта, ничто в правилах процедуры не мешало им расширить эту повестку дня после 1975 г. (если они решат сделать это на основе консенсуса). Конечно, это не означало, что СБСЕ будет заниматься всем, что государства-участники пожелают включить в повестку дня. В 1972–1973 гг. во время подготовительных консультаций сформировалось общее понимание относительно того, что СБСЕ сосредоточится на вопросах, имеющих отношение к отношениям между Востоком и Западом. Так, участники выступили против включения в повестку дня ближневосточного конфликта, несмотря на активное продвижение этого предложения канцлером Австрии Бруно Крайским. Единственным исключением стало добавление в СБСЕ скромного средиземноморского измерения в ответ на давление со стороны премьер-министра Мальты Дома Минтоффа.

Во-вторых, после Белградской встречи начался процесс переосмысления стратегии США, который привел к признанию того, что конфронтация по вопросам прав человека была контрпродуктивной и не способствовала выполнению хельсинских договоренностей. Действительно, после некоторой либерализации в середине 1970 х гг. советская политика в отношении контактов между людьми и распространения информации вновь ужесточилась[11]. В-третьих, Франция (с 1978 г.) и советский блок (с 1979 г.) параллельно выдвигали предложения о созыве Конференции по разоружению в Европе. Их представления по этому вопросу постепенно сближались, но обе стороны продвигали идею конференции по разоружению в качестве автономного проекта вне СБСЕ.

Хотя отношение США к конференции по разоружению было, мягко говоря, неоднозначным, растущая поддержка французской инициативы европейскими союзниками способствовала принятию в Вашингтоне решения о целесообразности расширения повестки дня СБСЕ в области безопасности, включив в нее обсуждение предложения Франции при условии, что это позволит добиться прогресса в «человеческом измерении» Хельсинкского процесса. Такое решение облегчалось для США тем обстоятельством, что французское (а затем и советское) предложение предполагало проведение конференции по разоружению в два этапа. Мандат первого этапа заключался бы в обсуждении дальнейших мер укрепления доверия, а рассмотрение вопросов разоружения откладывалось до второго этапа, если будет достигнуто согласие о переходе к нему. В ходе обсуждения французской инициативы в НАТО Соединенные Штаты подталкивали Париж к тому, чтобы он внес свое предложение на Мадридской встрече СБСЕ, а не продвигал его как самостоятельный проект. Хотя Советский Союз отвергал прямую увязку вопросов безопасности с правами человека, к открытию Мадридской встречи он постепенно согласился с принципом сбалансированного параллельного прогресса во всех областях безопасности и сотрудничества в Европе[12].

Начиная с Мадридской встречи, дальнейшее развитие СБСЕ основывалось на балансе прогресса, достигнутого в области безопасности и в области «человеческого измерения». Хотя в начале 1980-х гг. отношения между Востоком и Западом были крайне напряженными, Мадридская встреча приняла мандат Конференции СБСЕ по мерам укрепления доверия и безопасности и разоружению в Европе, которая должна была начаться в Стокгольме в 1984 г. Это решение было сбалансировано рядом новых обязательств в области «человеческого измерения», а также решением созвать две встречи экспертов: по правам человека (Оттава, 1985) и по контактам между людьми (Берн, 1986). Прогресс в обоих измерениях — безопасности и правах человека — должен был быть оценен на третьей встрече в Вене, которая была намечена на 1986 г. Западные государства увязали переход ко второму этапу Стокгольмской конференции с существенным прогрессом в «человеческом измерении»[13]. Хотя продолжение переговоров по вопросам безопасности в рамках СБСЕ и вне рамок совещания после венской встречи было связано со многими сложными вопросами, США пристально следили за тем, чтобы сохранить в рамках Хельсинкского процесса «рычаг безопасности», так как в противном случае они не рассчитывали на продолжение сотрудничества СССР по вопросам прав человека[14].

## Конкретизация обязательств

В результате многочисленных компромиссов многие обязательства, включенные в хельсинкский Заключительный акт, были сформулированы в общем виде и (или) допускали различное толкование. Многочисленные оговорки, особенно в «третьей корзине», оставляли простор для интерпретации. Это порождало споры на встречах в рамках дальнейших шагов после совещания относительно толкования и выполнения конкретных положений. Поэтому многие предложения, выдвигавшиеся на таких встречах, были направлены не столько на согласование новых обязательств, сколько на конкретизацию сформулированных в общем виде положений Заключительного акта, чтобы минимизировать возможности для их различного толкования и тем самым сделать их выполнение проверяемым.

Рассмотрим следующий пример. В хельсинкском Заключительном акте государства-участники договорились «благожелательно рассматривать просьбы о поездках» в целях содействия человеческим контактам[15]. Некоторое послабление ограничений на частные поездки за границу, о котором Советский Союз и другие государства советского блока сообщали на встречах в рамках дальнейших шагов после совещания, критиковались рядом стран Запада как ненадлежащее выполнение положения, закрепленного в Заключительном акте. После дискуссии о соблюдении обязательств по СБСЕ и внесения соответствующих предложений в Итоговом документе Мадридской встречи было указано: «благожелательное рассмотрение» означает, что решения по таким просьбам в случаях воссоединения семей и заключения браков между гражданами разных государств будут приниматься «в обычном порядке в течение шести месяцев»[16]. В Итоговом документе Венской встречи 1989 г. обязательства, связанные с облегчением контактов между людьми, были подробно конкретизированы. В частности, было указано, что решения по ходатайствам о «встречах на основе семейных связей» должны приниматься «в обычном порядке» в течение одного месяца, а по ходатайствам о воссоединении семей или заключении браков – в течение трех[17].

Конечно, темпы этого процесса были далеко не впечатляющими, как и темпы Хельсинкского процесса в целом, который требовал большого терпения. Однако конкретизация вызывавших споры положений документов СБСЕ сделала обязательства более четкими и поддающимися проверке. Венская встреча в рамках дальнейших шагов после совещания, завершившаяся через 14 лет после подписания хельсинкского Заключительного акта, положила конец разногласиям, связанным с выполнением его гуманитарных положений.

## Выводы и рекомендации

Какая часть опыта СБСЕ стала достоянием истории, а какая остается актуальной для ОБСЕ сегодня? Наблюдая за полемикой последних лет, ветераны СБСЕ, должно быть, испытывают сильное чувство дежавю. Критика со стороны России и других государств-участников в отношении тематического дисбаланса в деятельности организации — ее чрезмерной сосредоточенности на «человеческом измерении» в ущерб вопросам безопасности[18] — свидетельствует о явной асимметрии приоритетов, подобной той, что наблюдалась в рамках СБСЕ. Это говорит о том, что если и когда государства-участники возобновят диалог о восстановлении системы европейской безопасности, то, вероятно, их переговоры опять будут основываться на «асимметричном торге».

До начала войны в Украине казалось, что в основу нового компромисса следовало положить согласование общего знаменателя уже не между принципом нерушимости границ и акцентом Запада на возможности их мирного изменения, а между подчеркиваемым Россией принципом неразделимости безопасности и свободой выбора союзов[19]. Ситуация, безусловно, будет другой после войны. Хотя повестка дня во многом будет зависеть от ее пока неизвестного исхода, в обозримом будущем в нее скорее всего опять вернется вопрос о границах в Европе. До тех пор, пока не достигнуто окончательное урегулирование современного конфликта, возможный компромисс скорее всего может включать согласование ряда правил, регулирующих modus vivendi, но не признание нового статус-кво. Такие правила не могут ограничиться простым подтверждением существующей нормативной основы ОБСЕ, но должны будут, опираясь на нее, внести соответствующие коррективы, к примеру, уточнив современное понимание принципа невмешательства во внутренние дела или положения, касающиеся свободы СМИ и свободного распространения информации, чтобы ограничить пространство для их возможной интерпретации. О таких корректировках предстоит договориться самим государствам-участникам, хотя соответствующие структуры ОБСЕ могли бы содействовать этому процессу.

Если ОБСЕ в результате нынешнего кризиса вернется к своим корням времен «холодной войны» и опять станет площадкой для политического диалога[20], концепция сбалансированного прогресса в различных «измерениях» вновь может стать актуальной. Если и когда возобновится диалог о будущем европейской безопасности, ОБСЕ может стать естественной площадкой для такого диалога, учитывая ее универсальный состав участников. Наличие постоянных структур и институтов организации сегодня не позволит резко прервать этот процесс, если государства не смогут договориться о следующей встрече в рамках дальнейших шагов после совещания.

Однако роль ОБСЕ как площадки для диалога не следует воспринимать как нечто данное. Если Советский Союз, инициировавший проведение совещания, ради его успеха был готов в ходе переговоров и последующего процесса СБСЕ идти на уступки, то сейчас Россия тщательно избегает такой политики. За последние 15 лет, стремясь к урегулированию отношений с Западом, Москва явно избегала использования ОБСЕ в качестве площадки для такого диалога. Предложение Д. Медведева 2008 г. о заключении Договора о европейской безопасности продвигалось Россией вне ОБСЕ, а в начале 2022 г. во время короткого обсуждения российских предложений о гарантиях безопасности Москва явно отдавала предпочтение диалогу с США и НАТО, но не в рамках ОБСЕ. Тем не менее, поскольку диалог о будущем европейской безопасности не может ограничиваться только ОБСЕ и будет вестись в различных форматах, будущая роль, внутренняя организация и деятельность ОБСЕ вполне могут стать предметом более широкого компромисса.

## Примечания

1 Maresca J.J. Helsinki Revisited: A Key U.S. Negotiator's Memoirs on the Development of the CSCE into the OSCE. – Stuttgart: ibidem-Verlag, 2016. P. 38.

2 Ambassador Yuri Vladimirovich Dubinin of the Soviet Union // CSCE Testimonies: Causes and Consequences of the Helsinki Final Act 1972–1989. CSCE Oral History Project. – Prague: Prague Office of the OSCE Secretariat, 2013. P. 214–216. До 1989 г. на каждой встрече в рамках Хельсинкского процесса должно было быть определено место проведения и дата открытия следующей встречи. В случае невыполнения этого условия процесс СБСЕ прекращался.

3 Ghebali V.-Y. The Diplomacy of Détente: The CSCE from Helsinki to Vienna. – Bern: The Library Am Guisanplatz BiG, 2019. Vol. 1. P. 23.

4 Загорский А. Хельсинкский процесс: Переговоры в рамках Совещания по безопасности и сотрудничеству в Европе, 1972–1991. – М.: Права человека, 2005. С. 153.

5 Загорский А. Указ. соч. С. 172.

6 Korey W. The Promises We Keep: Human Rights, the Helsinki Process, and American Foreign Policy. – New York: St. Martin's Press, in association with the Institute for EastWest Studies, 1993. P. 179–180, 214–215.

7 См., к примеру: Reimaa M. Helsinki Catch: European Security Accords 1975. – Helsinki: Edita, 2008; Wenger A., Mastny V., Nünlist C. (eds). Origins of the European Security System: The Helsinki Process Revisited, 1965–1975. – London: Routledge, 2008; Загорский А. Указ. соч. С. 31–114.

8 Goodby J. E, The Politics of the Helsinki Process: How Did It Arise During the Cold War? An American Perspective // Peace and Prosperity in Northeast Asia: Exploring the European Experience. – Seogwipo City: JPI Press, 2008. Vol. 1. P. 124.

9 Goodby J. E. Op. cit. P. 124; Nünlist C. Helsinki+40 in the Historical Context // Security and Human Rights. – Vol. 25 (2014). № 2. P. 201; Загорский А. Указ. соч. С. 31–44.

10 Загорский А. Указ. соч. С. 53–54.

11 Korey W. Op. cit. P. 111, 115.

12 Borawski J. From the Atlantic to the Urals: Negotiating Arms Control at the Stockholm Conference. – Washington: Pergamon-Brassey's International Defense Publishers, 1988. P. 19–25; Загорский А. Указ. соч. С. 157–161.

13 Одним из результатов этого процесса стали переговоры 1989–1990 гг. по обычным вооруженным силам в Европе между странами—членами НАТО и Варшавского договора «в рамках СБСЕ», которые привели к подписанию ДОВСЕ.

14 Borawski J. Op. cit. P. 18

15 Совещание по безопасности и сотрудничеству в Европе. Заключительный акт. Хельсинки, 1975. С. 41 // Официальный сайт ОБСЕ. URL: https://www.osce.org/files/f/documents/0/c/39505_1.pdf.

16 Итоговый документ Мадридской встречи 1980 года представителей государств—участников Совещания по безопасности и сотрудничеству в Европе, состоявшейся на основе положений Заключительного акта, относящихся к дальнейшим шагам после совещания.

Мадрид, 1983. С. 18 // Официальный сайт ОБСЕ. URL: https://www.osce.org/files/f/documents/6/b/40875.pdf.

17 Итоговый документ Венской встречи 1986 года представителей государств—участников Совещания по безопасности и сотрудничеству в Европе, состоявшейся на основе положений Заключительного акта, относящихся к дальнейшим шагам после совещания. Вена, 1989. С. 27 // Официальный сайт ОБСЕ. URL: https://www.osce.org/files/f/documents/9/1/40885.pdf.

18 Загорский А. Росия и ОБСЕ / Ф. Эверс, А. Картсонаки (отв. ред.) // ОБСЕ Insights 5/2021. Специальный выпуск. – Баден-Баден: Номос, 2022.

19 Загорский А. Росия и ОБСЕ. С. 28.

20 См., к примеру: Дембински М., Шпангер Х.-Й. Плюралистичный мир: перспектива для ОБСЕ? // ОБСЕ Insights 9/2021 – Баден-Баден: Номос, 2022. URL: https://doi.org/10.5771/9783748911463-09.

# Почему важна функция форума ОБСЕ

*Елена Купач**

*Аннотация*

В статье рассматривается вопрос о том, как государства-участники могут использовать ОБСЕ в качестве форума. Опираясь на опыт других международных организаций и историческую эволюцию СБСЕ–ОБСЕ, в статье сформулированы рекомендации относительно того, как государства-участники могут использовать эту функцию для снижения напряженности и подготовки к будущему. Основное внимание уделяется тому, как убедить Россию в том, что она не сможет достичь своих целей применением силы, и в то же время стимулировать ее к дальнейшему участию в ОБСЕ.

*Ключевые слова*

международный форум, ОБСЕ, Украина, Россия, война

Для цитирования этой публикации: Купач Е. Почему важна функция форума ОБСЕ / К. Фризендорф, А. Картсонаки (отв. ред.) // ОБСЕ Insights 7/2022 — Баден-Баден: Номос, 2023. URL: https://doi.org/10.5771/9783748936770-07

## Введение

Полномасштабное вторжение России в Украину в феврале 2022 г. ввергло ОБСЕ в экзистенциальный кризис. Проблема заключается не только в том, что у организации нет возможности наложить санкции на Россию за нарушение основных принципов ОБСЕ, но и в том, что война усугубила существующие трудности, такие как согласование бюджета организации. Эксперты и практики задаются вопросом, сможет ли организация выдержать такое огромное давление, и если да, то каким образом. Одним из часто упоминаемых вариантов является сведение ОБСЕ к функции форума, что, как надеются некоторые наблюдатели, могло бы способствовать налаживанию диалога и сотрудничества между государствами[1]. Пока неясно, будет ли ОБСЕ развиваться в этом направлении и сможет ли она сохранить другие свои функции. Тем не менее одно кажется вероятным: если организация выживет, ее

* Берлинский научный центр социальных наук
jelena.cupac@wzb.eu.

роль как форума будет возрастать по мере того как государства-участники будут пытаться справиться с ситуацией в Украине.

В данной публикации рассматривается роль международных организаций (МО) как форумов и предлагаются рекомендации относительно того, как государства-участники ОБСЕ могут конструктивно использовать эту функцию. Статья начинается с рассмотрения того, как функция форума реализуется в других МО. Затем подробно анализируется эволюция СБСЕ–ОБСЕ в качестве форума, при этом прослеживается, как эта функция менялась вместе с геостратегическими сдвигами в Европе. В заключительном разделе даются рекомендации относительно того, как государства-участники могут использовать ОБСЕ, чтобы убедить Россию в том, что она не сможет достичь своих целей с помощью применения силы, и одновременно стимулировать ее к дальнейшему участию в организации. Рекомендуется использовать ОБСЕ в качестве форума для более глубокого взаимодействия со странами Западных Балкан, Южного Кавказа и Центральной Азии и обсуждения с ними вопросов будущего европейской безопасности.

## Международные организации как форумы

Функция форума является самой основной функцией международных организаций. МО представляют собой площадки, на которых государства обсуждают их интересы и принимают решения по представляющим взаимный интерес вопросам[2]. Определяющей характеристикой международных форумов является их открытость и инклюзивность. Каждое государство может артикулировать свои интересы и предпочтения по той или иной теме. Хотя правила принятия решений на форумах различаются в зависимости от сферы их деятельности, МО, занимающиеся вопросами безопасности, чаще принимают решения на основе консенсуса или единогласия[3]. В результате принимаемые решения часто отражают наименьший общий знаменатель. Форумы могут служить площадкой как для обсуждения сотрудничества между государствами, так и для ожесточенной конфронтации. Тем не менее это не умаляет их роли как многосторонней среды для деэскалации, социализации и укрепления доверия.

Роль форума присуща как формальным, так и неформальным международным организациям. Неформальные МО, такие как G20 и БРИКС, по сути являются просто форумами. Они не имеют штаб-квартир или постоянных бюрократических структур и не принимают обязывающие государства-участников решения. Что касается формальных международных организаций, то большинство их межправительственных органов можно назвать международными форумами. Однако поскольку некоторые из этих органов имеют ограниченный состав участников и особый порядок принятия решений, основной площадкой для реализации соответствующей организацией функции форума считаются пленарные заседания (такие как Генеральная Ассамблея ООН).

Государства используют форумы для достижения конкретных целей. Преследуемые ими цели могут отличаться в зависимости от предметной области, в которой осуществляет деятельность та или иная МО. Экономический форум будет иметь одну цель, а форум по вопросам здравоохранения – другую. Для организаций по безопасности, таких как ОБСЕ, главной целью, которую преследуют государства-участники, является поддержание мира. То, как государства заявляют о своих предпочтениях и интересах в рамках МО, и значение, которое они придают МО, с течением времени меняются. Чтобы понять, как государства-участники могли бы конструктивно использовать форум ОБСЕ в условиях войны против Украины, полезно обратиться к истории.

## Меняющаяся миссия ОБСЕ как форума

Предшественник ОБСЕ, Совещание по безопасности и сотрудничеству в Европе (СБСЕ), было межгосударственным форумом *par excellence*. Оно возникло в условиях «холодной войны». После Карибского кризиса 1962 г. Соединенные Штаты и СССР договорились об открытии линий связи для обеспечения мира и стабильности. В следующем десятилетии этот сдвиг открыл путь к американо-советской разрядке – общей готовности к поддержанию мира путем ослабления напряженности, в том числе посредством ограничения стратегических вооружений. В то же время Западная Германия с помощью своей «восточной политики» стремилась нормализовать отношения с Восточной Европой, в частности, с Восточной Германией. В своей совокупности эти процессы способствовали подписанию хельсинкского Заключительного акта СБСЕ[4].

Заключительный акт был не просто результатом готовности сверхдержав к переговорам. Более важным было принятие ими того, что в тот исторический момент мир в Европе мог быть достигнут только на основе признания статус-кво, а не на основе упорного желания изменить его. Таким образом, хельсинкский Заключительный акт отразил стремление к так называемому «плюралистичному миру»: миру между государствами, признающими нормативные различия между ними и геостратегическую реальность, порожденную этими различиями[5]. Заключительный акт считался значительной победой Советского Союза, так как позволил ему осуществить свою давнюю цель: добиться признания Западом послевоенной гегемонии СССР в Восточной Европе. В свою очередь, Запад мог ссылаться на Заключительный акт в своей критике нарушений прав человека в Восточном блоке. Таким образом, государства-участники согласовали *modus vivendi*, который допускал возможность изменений в будущем.

После окончания «холодной войны» СБСЕ было преобразовано в международную организацию, хотя и не имеющую правового статуса. Она была быстро институционализирована, а ее функции форума перешли к межправительственным органам: Постоянному совету, Парламентской ассамблее, Совету министров и саммитам. Однако цель этих форумов существенно изменилась по сравнению с периодом «холодной войны». Государства-участники больше не использовали их для поддержания плюралистичного мира. Вместо этого они сосредоточились на построении «либерального мира»: мира, основанного на сотрудничестве государств, приверженных либерально-демократическим ценностям. В серии документов, принятых в начале 1990-х гг., они установили, что права человека могут процветать только в плюралистических демократиях[6], что действительно мирным может быть только международный порядок, формирующийся в отношениях между демократическими государствами[7], что нарушения прав человека являются законным предметом для озабоченности всех государств-участников[8] и что такие нарушения представляют собой одну из основных причин конфликтов[9]. Исходя из этого, в ОБСЕ были созданы специализированные органы, учреждены миссии на местах для оказания содействия и сопровождения процессов демократизации в странах бывшего Восточного блока.

Период «либерального мира» в ОБСЕ продлился недолго. Вскоре после того как в 1994 г. НАТО объявила, что ожидает и будет приветствовать расширение[10], форумы ОБСЕ стали ареной конфронтации, в ходе которой государства ссылались на согласованные в рамках организации нормы для обоснования своих интересов. Запад ссылался на них для продвижения либерального понимания мира, настаивая на том, что большинство нарушений в регионе ОБСЕ имеет место в сфере «человеческого измерения» и что государства-участники имеют суверенное право выбирать или менять способы обеспечения своей безопасности, включая право быть или не быть участником союзных договоров. Россия же настаивала на том, что расширение НАТО нарушает договоренности в военно-политическом измерении, в частности, принцип неделимости безопасности. Одновременно она критиковала деятельность институтов ОБСЕ, направленную на содействие укреплению демократии, утверждая, что эта деятельность представляет собой вмешательство во внутренние дела государств ради достижения геостратегических целей Запада. В результате на протяжении почти трех десятилетий ОБСЕ в основном оставалась конфронтационным форумом, а миссии на местах, институты содействия демократии и военно-политические инструменты зачастую не могли выполнять свои задачи.

Этот краткий исторический обзор показывает, что роль СБСЕ–ОБСЕ как форума постоянно менялась в ответ на изменения в системе европейской безопасности. Если первоначально речь шла об установлении мира между блоками государств с различными типами политических режимов, то затем цель сместилась в сторону формирования либерально-демократического мира. Сейчас же в организации нет общего понимания того, в каком из этих направлений ей следует развиваться. На этом фоне в работе предлагаются рекомендации по использованию ОБСЕ в качестве форума для поддержания взаимодействия государств-участников, позволяющего им снижать напряженность и готовиться к будущему. Эти рекомендации заключаются в том, чтобы обозначить четкие границы для России в военно-политическом измерении и в то же время пойти на ограниченные уступки в «человеческом измерении».

## Обсуждение и рекомендации

### Нормативные сигналы

В краткосрочной перспективе роль ОБСЕ как форума скорее всего останется примерно такой же, что и на протяжении почти трех последних десятилетий. Государства-участники будут продолжать использовать организацию, ее принципы и обязательства для того, чтобы указывать друг другу на нарушения и оправдывать собственные действия. Другими словами, они будут продолжать использовать ОБСЕ как форум для обозначения границ того, что они считают приемлемой архитектурой безопасности в Европе. Однако в условиях войны против Украины у западных государств есть возможность придать новый смысл этой многолетней игре в поиск виноватых. Наряду с экономическими санкциями и оказанием военной помощи Украине они могли бы использовать ОБСЕ для дополнительного давления на Россию, применяя практику «нормативного сдерживания»: они могли бы четко и решительно дать России понять, что ни при каких обстоятельствах не пойдут на компромисс в отношении принципов ОБСЕ. В частности, Запад мог бы донести до России, что он не будет участвовать в переговорах о сферах влияния или обсуждать европейскую безопасность в столь же ретроградных терминах даже если России удастся надолго оккупировать часть территории Украины.

Одним словом, в этих новых обстоятельствах можно было бы использовать ОБСЕ для постоянного напоминания России о том, что принципы Декалога, включая нерушимость границ и территориальную целостность государств, не подлежат пересмотру. С этой точки зрения основная цель «нормативного сдерживания» состоит в том, чтобы убедить Россию в том, что она не сможет достичь своих целей с помощью применения силы, и не допустить признание такого поведения в качестве прецедента.

## Сохранение вовлеченности России

В своей политике нормативного сдерживания западные государства должны проявлять осторожность, чтобы не маргинализировать Россию полностью. Ведь ощущение маргинализации на фоне расширения ЕС и НАТО на восток, возможно, сыграло свою роль в решении России применить силу в отношении Украины. Поэтому помимо использования ОБСЕ для усиления нормативного давления на Россию в военно-политическом измерении западные государства должны искать возможности для взаимодействия с ней в надежде на то, что такое взаимодействие позволит восстановить доверие и добиться деэскалации военных действий в ближайшие годы.

Один из способов это сделать – дать России понять, что ОБСЕ не будет проводить либеральную повестку дня с прежней настойчивостью. Российское руководство давно воспринимает эту повестку дня как угрозу, а не решение проблемы прочного мира в Европе. Оно часто представляло деятельность институтов ОБСЕ, приверженных ценностям демократии и прав человека, как часть западной стратегии вмешательства во внутренние дела государств-участников, иногда направленной на смену режимов. Поэтому акцент ОБСЕ на либеральные ценности скорее всего вызовет больше критики, чем участия со стороны администрации Путина.

Зная это, западным государствам следовало бы на время стратегически смягчить свою риторику в отношении прав человека и демократии. Это не было бы отказом от либеральных норм. Западные государства могут и дальше подчеркивать свою приверженность правам человека и демократии, тем самым сохраняя их в качестве важной части нормативного пространства ОБСЕ. Но при этом они могли бы признать, что подчеркивание важности этих норм не должно одновременно использоваться для выдвижения обвинений с целью пристыдить Россию и другие авторитарные государства-участники – практика, которая часто подпитывала их страхи по поводу смены режима.

Преимущество такого подхода заключается в том, что он не заходит настолько далеко, чтобы признать авторитарный режим России в качестве равноправного и легитимного участника европейской безопасности (статус, предоставленный Советскому Союзу в рамках Хельсинкского процесса). Он также не заходит настолько далеко, чтобы закрепить принцип нерушимости внутренних политических порядков, учитывая, что такой шаг скорее приободрит, чем обескуражит Россию на фоне войны в Украине[11]. Тем не менее это стало бы важным шагом в предотвращении дальнейшего отчуждения России, поскольку сняло бы по крайней мере часть ее опасений по поводу того, что ОБСЕ является инструментом западной политики смены режимов. Такой подход может позволить государствам-участникам создать запас доверия и использовать его для деэскалации военных действий и налаживания сотрудничества в представляющих взаимный интерес областях.

## Планирование будущего

Помимо сдерживания и взаимодействия с Россией западные государства могли бы использовать ОБСЕ как форум для обсуждения будущего европейской безопасности. Этого можно добиться путем укрепления взаимодействия с государствами-участниками, которые не являются членами ни ЕС, ни НАТО. Хотя большинство таких государств связаны с этими международными организациями различными договоренностями (такими как переговоры о вступлении, Восточное партнерство, соглашения о расширенном партнерстве и сотрудничестве и Партнерство ради мира), ОБСЕ остается единственной площадкой по вопросам безопасности, в которой они представлены наравне с Западом. Большинство таких государств расположены на Западных Балканах, Южном Кавказе и в Центральной Азии – в регионах, традиционно подверженных российскому влиянию. Из-за энергетической и других форм зависимости некоторые из них воздержались от открытого осуждения вторжения России в Украину. Ослабление связей в сфере безопасности с данными регионами может способствовать усилению влияния России, обострению давних конфликтов или усилению авторитарных тенденций. Поэтому западные государства должны использовать форум ОБСЕ для углубления отношений в сфере безопасности с этими регионами и, осознавая все нынешние и будущие трудности, для их привлечения к совместному формированию будущей системы европейской безопасности.

## Примечания

1 См.: Дембински М., Шпангер Х.-Й. Плюралистичный мир: перспектива для ОБСЕ? // ОБСЕ Insights 9/2021 – Баден-Баден: Номос, 2022. URL: https://doi.org/10.5771/9783748911463-09; Boonstra J. The OSCE: Back to Square One? // Russia's War against Ukraine: Implications for the Future of the OSCE. OSCE Network Perspectives. I/2022 / C. Friesendorf C., Wolff S. (eds.). OSCE Network of Think Tanks and Academic Institutions, June 2022. – P. 14–17.

2 См.: Hurd I. Theorizing International Organizations: Choices and Methods in the Study of International Organizations // Journal of International Organizations Studies. - Vol. 2 (2011). - P. 7–22; Keohane R. O. After Hegemony: Cooperation and Discord in the World Political Economy. 2nd ed. - Palo Alto: Princeton University Press, 2005.

3 См.: Blake D. J., Payton A. L. Balancing Design Objectives: Analyzing New Data on Voting Rules in Intergovernmental Organizations // Review of International Organizations. – Vol. 10 (2015). – No. 3. – P. 377–402.

4 См.: Galbreath D. J. The Organization for Security and Co-operation in Europe (OSCE). - Abingdon, UK: Routledge, 2007.

5 Подробнее о плюралистичном мире см.: Дембински М., Шпангер Х.-Й. Указ. соч.

6 Документ Копенгагенского совещания по человеческому измерению СБСЕ. Копенгаген, 29 июня 1990. – С. 1-2 // Официальный сайт ОБСЕ. URL: https://www.osce.org/files/f/documents/d/0/14305.pdf.

7 Парижская Хартия для Новой Европы. Париж, 21 ноября 1990. – С. 5 // Официальный сайт ОБСЕ. URL: https://www.osce.org/files/f/documents/3/4/39520.pdf.

8 Документ Московского совещания Конференции по человеческому измерению СБСЕ. Москва, 3 октября 1991. – С. 2 // Официальный сайт ОБСЕ. URL: https://www.osce.org/files /f/documents/8/a/14314.pdf.

9 Пражское совещание Совета СБСЕ. 30-31 января 1992 года. Резюме выводов. = С. 1-2 // Официальный сайт ОБСЕ. URL: https://www.osce.org/files/f/documents/a/b/40274.pdf.

10 Partnership for Peace: Invitation Document. Issued by the Heads of State and Government participating in the Meeting of the North Atlantic Council. 11 Jan. 1994 // NATO. URL: https:// www.nato.int/cps/en/natohq/official_texts_24468.htm.

11 См.: Kaim M., Maull H. W., Westphal K. The Pan-European Order at the Crossroads: Three Principles for a New Beginning. SWP Comments No 18. 20 March 2015. URL: https://www.sw p-berlin.org/en/publication/new-pan-european-order.

Zeitfracht Medien GmbH
Ferdinand-Jühlke-Straße 7
99095 Erfurt, Deutschland
produktsicherheit@kolibri360.de